Florian Pflanz

Marketing und Religion

Eine theoretische Untersuchung

Diplomica Verlag GmbH

Pflanz, Florian: Marketing und Religion. Eine theoretische Untersuchung, Hamburg, Diplomica Verlag GmbH 2017

Buch-ISBN: 978-3-96146-514-9
PDF-eBook-ISBN: 978-3-96146-014-4
Druck/Herstellung: Diplomica® Verlag GmbH, Hamburg, 2017

Bibliografische Information der Deutschen Nationalbibliothek:
Die Deutsche Nationalbibliothek verzeichnet diese Publikation in der Deutschen
Nationalbibliografie; detaillierte bibliografische Daten sind im Internet über
http://dnb.d-nb.de abrufbar.

© Diplomica Verlag GmbH
Hermannstal 119k, 22119 Hamburg
http://www.diplomica-verlag.de, Hamburg 2017
Printed in Germany

Inhaltsverzeichnis

1 Einleitung

Am 10.11.2015 fand im Pfalzbau Ludwigshafen die Verleihung des Marketingpreises 2015 für die Metropolregion Rhein Neckar statt. Sollten sich die vereinten Marketinggrößen der Region zu diesem Zeitpunkt noch nicht bewusst gewesen sein, dass Religion und Werbung eng miteinander verknüpft sind, änderte sich das mit dieser Veranstaltung schlagartig. Das Motto des Abends lautete „Faust meets Marketing". Das Auditorium wartete um 19:30 Uhr gespannt auf die ersten Worte des Veranstalters. Stattdessen öffnete sich der Vorhang und das Ensemble des Theaters führte die erste Szene aus Goethes „Faust" auf. Gott und der Teufel legen ihr Vertrauen und Misstrauen in Faust bzw. den Menschen dar und schließen einen Pakt. Nach der Szene tritt einer der Statisten vor den Vorhang. Er ist als Engel verkleidet und trägt riesige Schwingen auf dem Rücken. Der Schauspieler eröffnet die Preisverleihung und verknüpft in seiner poetischen Rede das eben gesehene mit der Welt der Marken und Konsumenten. Er erklärt, dass es unabhängig von einem guten oder schlechten Marketing schon lange nicht mehr möglich sei, minderwertige Produkte am Markt anzubringen. Vielmehr sei es die gelungene Verknüpfung von modernem Brandmanagement und hochwertigen Produkten, welche hohe Absatzzahlen sichere. Zur erfolgreichen Entwicklung einer Marke müssen die menschlichen Bedürfnisse nach Authentizität und sozialer Verantwortung angesprochen werden. Das Streben nach einem Zugewinn für das eigene Leben müsse zum Kaufargument werden.[1]

Diese Anekdote ist ein Beispiel für die Inhalte, welche im breiten und diskursiven Feld des Marketings aktuell verhandelt werden. Die Frage nach einer aktiven und nachhaltigen Kundenbindung ist fester Bestandteil jedes Brandmanagements. Welche Bedürfnisse können durch Marketing angesprochen, oder generiert werden? Welche Regeln gelten, wenn man Wünsche und Ängste ansprechen und schüren möchte? Ist es möglich eine soziale Gruppe aktiv zu formen, um diese Gruppe zu einer Anhängerschaft einer Marke zu entwickeln?

Institutionen und Organisationen unterschiedlichster Größen nutzen Marketing. Es wird sowohl auf regionaler als auch auf überregionaler Ebene zur Kundengewinnung und Kundenbindung eingesetzt. Ein entsprechendes Marketing bestimmt über den Aufstieg

---

[1] https://www.mc-rn.de/marketing-preis (Zugriff 22.03.2016, 17:11 Uhr)

oder Niedergang einer Organisation oder eines Unternehmens[2]. Je nach Ausrichtung und Zielsetzung finden vielfältige Strategien Anwendung, die auf einer Metaebene formuliert und in der Praxis auf definierte Ziele zugeschnitten werden.

Der Grundgedanke des Marketings ist die konsequente Ausrichtung des gesamten Unternehmens an den Bedürfnissen des Marktes. Heutzutage ist es unumstritten, dass auf wettbewerbsintensiven Märkten die Bedürfnisse der Nachfrager im Zentrum der Unternehmensführung stehen müssen. Marketing stellt somit eine unternehmerische Denkhaltung dar. Darüber hinaus ist Marketing eine unternehmerische Aufgabe, zu deren wichtigsten Herausforderungen das Erkennen von Marktveränderungen und Bedürfnisverschiebungen gehört, um rechtzeitig Wettbewerbsvorteile aufzubauen.[3]

Es liegt im Interesse vieler evangelikaler Organisationen, neue Mitglieder zu werben und sie zu binden. Einige Megachurches in den USA führen bereits seit mehreren Jahren Brandingkampagnen durch[4], die sich nach bestimmten Regeln richten. Diese Regeln unterliegen ständigen Aushandlungsprozessen, welche nicht exklusiv innerhalb eines religiösen Diskurses stattfinden. Sie werden durch eine Marktwirtschaft geprägt, in der es darum geht, Brands zu entwickeln, welche in direkter Konkurrenz mit gleichwertigen Produkten stehen[5]. Heilsversprechen sind hier ebenso vorhanden, wie die Förderung von Interessengruppen. So findet man in modernen religiösen Organisationen wie der evangelikalen Kirche von T.D. Jakes oder Joel Austin durchdachtes Produktmarketing. Dies lässt sich bereits an den Logos der verschiedenen Ministries erkennen. Hier stehen bewusst ausgewählte Formen und Farben, die sich im gesamten Corporate Design der Firmen wieder finden lassen, für die einzelnen Gruppierungen innerhalb der Megachurch.

Das vorliegende Buch stützt sich auf ausgewählte Theoriebausteine und vorangegangene Auseinandersetzungen mit diesem Thema.[6] Diese Bausteine bestehen aus Ansätzen der Material Religion, sowie aus Theorien zu Populärkultur und Religionsökonomie. Sie zeigen zum einen die vom Marketing und Branding genutzten Kanäle und verorten sie in der *Contemporary Religion.* Zum anderen beleuchten sie Zusammenhänge von Religion und Ökonomie. Ansätze aus der Religionsökonomie zeigen, wie religiöse Organisationen und der globale Markt miteinander verknüpft sind und wie sich zum Beispiel sozialer und

---

[2] Vgl. Grant, John (1999): The New Marketing Manifesto. The 12 Rules for Building Successful Brands in the 21st Century. London
[3] Gabler Wirtschaftslexikon (2008): Wirtschatslexikon 18. Auflage: Wiesbaden, SpringerGabler: Marketing
[4] Vgl. Einstein, Mara (2008): Brands of Faith. Marketing Religion in a Commercial Age. London
[5] Vgl. Grant, John (1999): The New Marketing Manifesto. The 12 Rules for Building Successful Brands in the 21st Century. London
[6] Pflanz, Florian (2015): Mythos Marketing. Religion als Bindungsstrategie im Rahmen der Seminare „Populärkultur" und „Wissenschaftliches Schreiben".

kultureller Druck auf das Konsumverhalten von Akteuren auswirkt. Religionswissenschaftliche Ansätze aus der Untersuchung populärkultureller Inhalte beantworten die Frage, inwieweit Religion und die Verhandlung von Religion Teil der Populärkultur sind. Diese Theorien bilden eine Grundlage zum Verständnis von Branding und religionsanalogen Prozessen im Marketing von sowohl religiösen als auch säkularen Organisationen. Mit dieser theoretischen Grundlage ist es möglich, das diskursive Feld des Marketings partiell zu bearbeiten und die verschiedenen Grundlagen besser zu verstehen. Autoren wie die Medienwissenschaftlerin Mara Einstein z.b. gehen in ihren Ausführungen nur wenig auf ökonomische oder popkulturelle Zusammenhänge ein. Doch nur mit diesen Bausteinen gelingt es, das Bild einer *Consumer Culture* zu zeichnen und zu verstehen.

So folgt dieses Buch der These, dass die Motivationsgrundlagen im Falle religiöser Organisationen deckungsgleich mit denen verschiedener Großkonzerne sind, wenn es um die Etablierung eines Produktes am Markt geht. Hierbei fokussiert diese Untersuchung sowohl die theoretischen Ansätze zum Zusammenhang von Religion und Marketing, als auch die von den Akteuren genutzten Vorgehensweisen in Bezug auf das Brandmanagement. Dabei werden Vorgehensweisen und ausübende Unternehmen in drei sich überschneidende Gruppen eingeteilt. Zum einen gibt es religiöse Organisationen, welche sich selbst als solche verorten, und mithilfe ihrer Marketingstrategien Mitglieder gewinnen und religiös konnotierte Produkte verkaufen. Dies wird am Beispiel der Willow Creek Church aufgezeigt. Zum zweiten werden Unternehmen bzw. Brands behandelt, die nicht dezidiert religiöse sind, jedoch Produkte bewerben und Marken verkörpern, welche Spiritualität und Religiosität rhetorisch fest mit ihrem Marketing verknüpfen. Und zuletzt existieren Produkte, welche ausschließlich im Marketing und Branddesign Rhetoriken und Bilder verwenden, die religiöse Zuschreibungen im Feld der Akteure hervorrufen und religionsanaloge Dynamiken ausbilden. Diese Dynamiken sind nicht dezidiert religiös, weisen aber dennoch Analogien zu religiös konnotierten Inhalten auf. Es gilt, Regeln zum Brandmanagement unter Berücksichtigung von John Grants Werk „*The New Marketing Manifesto*" zu identifizieren und ihre Verwendung zu untersuchen. Im Diskursfeld um das religiöse Marketing lassen sich mehrere Autoren ausmachen, die sich explizit mit dieser Kategorie auseinandergesetzt haben. So fokussiert diese Untersuchung Mara Einsteins und James B. Twitchells Thesen zum Thema *Selling Religion* und *Faith Brands*. *Faith Brands* sind Marken und Produkte, die durch die Anbieter religiös konnotiert werden.

Des Weiteren soll Mara Einsteins These besprochen werden, dass religiöses[7] Marketing auf einem separierten, exklusiven Markt stattfindet, der vom säkularen[8] Markt getrennt ist[9]. Hierzu werden die theoretischen Ansätze aus dem diskursiven Feld um Marketing und Religion untersucht. Anhand dieser Theorien werden religionsanaloge Dynamiken sichtbar gemacht, die es dem Konsumenten ermöglichen, Teil eines Mythos bzw. einer Geschichte zu werden, innerhalb derer er sich verorten kann. Hierbei spielt nicht nur die Werbung in den Medien eine Rolle, das Brand Marketing findet auch in der Architektur eines Verkaufsraumes oder Showrooms Anwendung. Auch die Marke Apple Macintosh avancierte in den letzten zehn Jahren zu einem Brand, dessen Marketing nicht nur Rezeptionen religiöser Motivik inhärierte, sondern auch durch restriktive Produktstrategien einen Kult formte, welcher stetig eine große Zahl von Konsumenten anzieht. So folgt diese Untersuchung der These, dass Religion und Marketing in Populärkultur, *Consumer Culture* und auf dem globalen Markt ineinanderfließen und ständig diffundieren.

---

[7] Religionsbegriff nach Riesebrodt, Martin (2007): Cultus und Heilsversprechen. Eine Theorie der Religionen. München: Religion als soziale Praxis in Verbindung mit Heilsversprechen.
[8] Säkular: wird im Verlauf dieses Untersuchung diskutiert und dem Begriff der Religionsanalogie gegenübergestellt.
[9] Einstein, Mara (2008): Brands of Faith. Marketing Religion in a Commercial Age. London:14.

2 Theoriebausteine

Wird Marketing in Verbindung mit Religion zum Untersuchungsgegenstand, stellt sich die Frage nach den wesentlichen Theoriebausteinen. Welche Ansätze bietet das breite, diskursive Feld der Religionswissenschaft? Bei der Evaluation der unterschiedlichen Ansätze stellten sich drei Theoriemodelle als erfolgversprechend heraus. Als erstes genannt sei der materielle Ansatz. Von Inken Prohl[10], Birgit Meyer[11] und David Morgan[12] diskutiert, beleuchtet er die Bindeglieder, der medialen Vermittlung von religiösen Inhalten. Gerade modernes Brandmanagement und das ihm zugeordnete Marketing macht die Nutzung moderne Kanäle zur Grundlage von erfolgreicher Verbreitung. Der materielle Ansatz leistet die Verknüpfung von Praktiken, Inhalten und greifbaren Objekten zu einer umfassenden Perspektive. Zusammenhänge und sich ständig weiterentwickelnde Dynamiken lassen sich dadurch beschreiben und auf ihre Bestandteile untersuchen. Inken Prohl spricht sich für die Verwendung eines materiellen Ansatzes aus, da er Religionen nicht lediglich als moralische und theologische Systeme betrachtet. sondern als *„Perzeptions- und Affektgenerierungsnetzwerke, im Umgang mit transzendenten Instanzen der eigenen Seele und dem Körper bilden."* Aus diesem Blickwinkel kann erforscht werden, wie postmoderne Religion funktioniert und auf welche Weise bestimmte Kanäle von modernen Institutionen genutzt werden, um das Produkt für die Akteure erfahrbar zu machen.[13] Als zweites sei der junge Ansatz der Religionsökonomie angeführt. Dieser beleuchtet die ökonomischen Aspekte religiöser Institutionen und den Konsum von kulturellen Inhalten. Anne Koch fasst 2014 die theoretischen Ansätze eines religionsökonomischen Feldes zusammen und versucht einen Überblick zu schaffen.[14] Wichtig für eine marketingbezogene Untersuchung sind die Erklärungsmodelle für das Konsum- und Anbieterverhalten im religiösen Feld. Wie treffen Akteure Kaufentscheidungen und warum? Kann der Akteur durch das Beeinflussen von Machtverhältnissen und das Befriedigen von Präferenzen beeinflusst werden? Diesen Fragen stellt sich der ökonomische Ansatz und liefert Modelle zur Betrachtung kapitalisierter, religiöser oder religionsanaloger Produkte. Der dritte Ansatz ist der populärkulturelle. Er fragt nach Rezeption und Abbildung von Religion innerhalb von Kunst, Literatur und modernen Medien. Wie wird Religion verhandelt? Auf welchen

---

[10] Vgl. Prohl, Inken (2012): Materiale Religion. In Michael Stausberg (2012): Religionswissenschaft. Berlin: De Gruyter.
[11] Vgl. Meyer, Birgit (2008): Religious Sensations. Why Media, Aesthetics, and Power Matter in the Study of Contemporary Religion. In: Hent de Vries (2008) Religion a Concept. New York.
[12] Vgl. Meyer, Birgit und Morgan, David (2010): The Origin and mission of Material Religion. London.
[13] Prohl, Inken (2012): Materiale Religion: 386.
[14] Vgl. Koch, Anne (2014): Religionsökonomie. Eine Einführung. Stuttgart

Ebenen findet diese Verhandlung statt? Marketing ist eine Ebene dieser Verhandlung. Im Marketing vieler säkularer Brands finden sich Rezeptionen religiöser Motive und Praktiken. Akteure verbringen einen großen Teil ihrer Zeit damit, sich mit Inhalten der Populärkultur auseinanderzusetzen und sich über sie zu definieren. Die Verhandlung von religiösen Inhalten innerhalb der Populärkultur sieht der Religionswissenschaftler David Morgan als entscheidenden Faktor für Identitätsbildung.[15] Populärkultur stellt für die Ansätze von *Material Religion* und Religionsökonomie eine Ressource dar, welche als Raum zur Verarbeitung des Zeitgeistes wirkt. Bedürfnisse werden sowohl angesprochen, als auch über verschiedene Medien verhandelt. Dies liefert Hinweise auf das potentielle Konsumverhalten von Akteuren. Populärkultur wirkt in diesem Zusammenhang als Katalysator für den Output kultureller Inhalte, aber eben auch als Verhandlungsbasis dieses Outputs.

Marketinggrößen wie John Grant sprechen über die Wirkmacht der Verknüpfung von ökonomischen Machtverhältnissen und der Beeinflussung dieser durch ein effektives Brandmanagement, welches sich im Wesentlichen innerhalb neuer Medien abspielt. Dabei ist die Verhandlung aktueller popkultureller Inhalte für Unternehmen von besonderem Interesse, da sie den Konsumenten mit bekannten Bildern und Gefühlen ansprechen und zum Kauf bewegen sollen.[16]

Im Folgenden werden die einzelnen theoretischen Ansätze näher beschrieben und miteinander verknüpft. Sie dienen als Grundstein für die spätere Untersuchung von Branding und stellen eine Palette von Kategorien bereit, die innerhalb des Marketingdiskurses verhandelt werden. Autoren wie R. Laurence Moore (Professor für Geschichte und Amerikanistik an der Cornell Universität) und James B. Twitchell (Professor für Anglistik an der Universität von North Carolina), die sich mit religiösem Marketing und *Religious Brands* schon in den 90er Jahren beschäftigten, nutzen Ansätze aus den Theorien zur *Material Religion* und *Popular Culture*, um ihren Untersuchungsgegenstand zu beschreiben und einzuordnen[17][18]

---

[15] Morgan, David (2007): Studying Religion and Popular Culture. Prospects, Presuppositions, Procedures. In: Lynch Gorden (2007) Between Sacred and Profane, Researching Religion and Popular Culture. LB. Tauris & Co Ltd., London :21.
Im Folgenden: Morgan, David (2007): Studying Religion and Popular Culture. Prospects, Presuppositions, Procedures.
[16] Vgl. Grant, John (1999): The New Marketing Manifesto. The 12 Rules for Building Successful Brands in the 21st Century. London und New York.
[17] Vgl. Moore, R. Laurence (1994): Selling God. American Religion in the Marketplace of Culture. New York:
[18] Vgl. Twitchell, B. James (2004): Branded Nation. The Marketing of Megachurch, College Inc., and Museumworld. New York

2.1 Materialität

Ein materieller Ansatz innerhalb der Religionswissenschaft untersucht, wie sich Religion auf materieller Ebene ereignet. Dabei geht es um mehr als Objekte. Statuen, Bilder und andere Gebrauchsgegenstände sind zwar materielle Dinge, gehören aber zu einem weitreichenden Gebrauchskonzept, welches religiöse und rituelle Praxis umspannt. Materialität untersucht zusätzlich dazu die Verkörperung von Religion durch Handlungen, die in Verbindung mit religiösen Inhalten und Objekten stehen. Inken Prohl beschreibt diese Dynamik als eine Komposition aus sich intellektuell und materiell vermittelnden Informationen.[19] Spricht man in einem religionswissenschaftlichen Diskurs von Materialität, geht es weniger um Einzelheiten, wie die genannten Statuen und religiös konnotierten Objekte, sondern um intersoziale Kommunikation, Rituale und die damit in Verbindung stehende Alltagswirklichkeit der Akteure, die immer mit klassischen materiellen Dingen verknüpft ist. Folgt man dieser Prämisse, gehören Gewohnheiten innerhalb einer religiösen Alltagspraxis ebenso zur Materialität, wie Bilder, Ikonen und Statuen. Diese Untersuchung richtet sich im Speziellen auf die mediale Vermittlung der Inhalte von Religion und religionsanalogem *Content*. Die Frage nach Mitteln und Strategien einer solchen Vermittlung stehen dabei im Vordergrund. Für Inken Prohl ist hier der Begriff der Materialität dem der Ästhetik vorzuziehen, da er unabhängig von einer ästhetisierenden Begrifflichkeit den Gebrauch und die Kanäle von Inhalten und Dingen beschreibt.[20] Rezeptionen religiöser Inhalte und Praktiken im Marketing, die in Verbindung mit sowohl religiösen als auch säkularen Produkten verbreitet werden, sind Gegenstand einer Betrachtung unter den Gesichtspunkten eines materiellen Ansatzes.

Auch aufgrund dieser Zusammenhänge nutzt diese Ausarbeitung einen diskursiven Religionsbegriff, der sich durch die hier verhandelten Quellen formt. So werden wesentliche kulturwissenschaftliche relevante Inhalte einbezogen, die ein vorher festgelegter Arbeitsbegriff potentiell vernachlässigen würde.

---

[19] Prohl, Inken (2012): Materiale Religion: 377.
[20] Ebd. 380.

2.2 Religion und Ökonomie

Beschäftigt man sich mit Populärkultur und Marketing von religiösen Institutionen und großen Brands, so liegt das Augenmerk auf den besonderen Bindungsstrategien dieser Unternehmen, welche nicht exklusiv von religiösen Organisationen genutzt werden. Diese Strategien werden von vielen Faktoren beeinflusst, die mit ökonomischen Theorien und Modellen beschrieben werden können. Zum Gegenstand von Religionswissenschaft macht sie die kulturelle Einordnung.

> *Nachdem Religion in einer kulturwissenschaftlichen Religionswissenschaft nicht als metasprachliches Konzept funktioniert, kann auch nicht einfachhin als Gegenstand der Religionswissenschaft Religion angegeben werden. Ein essentialistisches Verständnis von Religion als gesellschaftliches Funktionssystem zu bezeichnen ist Kulturwissenschaftlich ungenügend.* [21]

Der Gegenstandsbereich von Religionswissenschaft wird vielmehr von Konzepten abgeleitet und bestimmt. Dieses Kapitel fokussiert das von Dr. Anne Koch 2014 veröffentlichte Überblickswerk *„Religionsökonomie. Eine Einführung"*. Koch beschäftigt sich hier mit diversen theoretischen Ansätzen zu Markt- und Kulturmodellen, welche für eine marketingspezifische Betrachtung zuträglich sind. Grundlegend ist hier die Handlungsweise von religiösen Unternehmen, welche sich durch Machtinteressen, seien diese finanziell oder religiös motiviert, vergrößern möchten. In diesen Fällen ist die Erweiterung des Macht- bzw. Einflussbereichs die angenommene Motivationsgrundlage. Eine Strategie, um den Machtbereich entscheidend zu erweitern, ist ein Exklusivitätsanspruch, welcher durch ein bestimmtes Merkmal definiert wird, das bei anderen Anbietern nicht zu finden ist. Koch führt hier das Beispiel der Native American Chruch of the United States of America ein. Über mehrere Instanzen erlangten Mitglieder der NAC das Recht bestimmte Drogen zu besitzen und zu konsumieren, beispielsweise ausgewählte natürliche Rauschmittel wie Mescalin und Marihuana. Die Führung der NAC erkannte das Potential und Monopol ihrer Kirche und bietet seitdem einen Mitgliedsausweis an, der sich für 200 Dollar online erwerben lässt. Mit diesem Ausweis ist man offizielles Mitglied der Kirche und darf besagte Drogen zu rituellen Zwecken konsumieren. Die NAC ist ein Paradebeispiel für die Veränderungen, welche sich bedingt durch ökonomische Faktoren in einer Institution vollziehen können. So legte die anfangs auf die eigene indigene Identität ausgerichtete Kirche später Wert auf die

---

[21] Koch, Anne (2014): Religionsökonomie. Eine Einführung. Stuttgart: 16.

10

Mitgliedergewinnung. So wurde die NAC zu einem professionalisierten und standardisierten Kulturbetrieb, welcher sich am Markt orientierte. In diesem Zusammenhang spricht Koch von kulturökonomischen Bedingungen, welche diese Neuorientierung beeinflussten.[22] Gerade bei religiösen Institutionen bzw. Organisationen in den USA spielt die Marktposition eine entscheidende Rolle, da es eine Vielfalt von Anbietern gibt, welche durch eine evangelikale Ausrichtung häufig ähnliche Interessengruppen ansprechen. Umso wichtiger ist die Demonstration eines Monopols oder eines exklusiven Zugewinns. Religiöse Inhalte, welche ein Produkt besonders und erstrebenswert machen, werden sowohl in den USA, als auch auf einem globalen Markt nicht exklusiv von religiösen Organisationen genutzt. Um innerhalb des Marktes exklusiv bzw. innovativ zu werden, greifen Anbieter häufig auf Rezeptionen und Anleihen aus verschiedenen Kulturen zurück und generieren damit Profit und neue Konsumenten.[23]

Was ist nun Religionsökonomie und was untersucht sie? Wie relevant ist sie in Bezug auf das Thema Marketing? Der Beginn der Religionsökonomie ist in den achtziger Jahren zu verorten, in denen sich Philosophen und Kulturwissenschaftler intensiv mit dem Neoliberalismus auseinandersetzten. Die Interessen des Einzelnen rückten in den Vordergrund und man begann, von Individualisierungsprozessen auf einem Markt der Religionen zu sprechen.[24] Religionsökonomie betrachtet Religion als wirtschaftliches Phänomen und kategorisiert religiöse Gruppierungen als handelnde Akteure auf diesem Markt. Sie zeigt, wie vermeintlich nicht wirtschaftliche, kulturelle Inhalte zu wirtschaftlich relevanten werden. Koch identifiziert das Potential von Religionsökonomie für zwei systematische Felder. Zum einen läge es darin, dass

> *die Religionsökonomie religiöses und wirtschaftliches Handeln im Kontext kultureller Handlungsmuster und Institutionen erklärt und sich dabei ausgewiesener ökonomischer Theorien bedient und zum anderen darin, dass die Religionsökonomie ökonomische Theorien und Wirtschaftsformen einer ideologischen Offenlegung unterzieht.[25]*

Für die in dieser Untersuchung gestellten Fragen eignet sich das erste von Koch genannte systematische Feld. Ökonomische Modelle sollen hier als Handlungsmuster bzw. Handlungstheorien gelten, die, auf den Gegenstand angewendet, einen Einblick in Umsetzung und Strukturierung des Marketings geben. Ökonomische Theorien werden hier

---

[22] Koch, Anne (2014): Religionsökonomie. Eine Einführung. Stuttgart: 12.13.
[23] Ebd. 14.
[24] Ebd. 46.
[25] Ebd. 21.

11

selektiv abgebildet, um zu einem Verständnis von kulturtheoretischen Ansätzen beizutragen. Religion und Wirtschaft stehen in diesem Buch für eine Schnittstelle von Identitätsbildung, Lebensbewältigung und sozialen Anerkennungsstrategien. Sie bilden Vorgänge von Symbolisierung, Ästhetisierung und Materialisierung ab, die exemplarisch eine erfolgreiche Marketingstrategie ausmachen. Die Ökonomie ist neben den Bereichen der Populärkultur und Materialität ein Ansatz, um Handlungsmuster zu erklären und Zusammenhänge und Dynamiken zu untersuchen. Kultur ist hier der vereinende Rahmen und bildet die Plattform, oder auch Bühne, auf der die Inhalte und Dynamiken stattfinden. Gerade für die Ökonomie stellt Kultur die Umwelt für ökonomischen Wandel dar, den sie verzögert oder beschleunigt. Anne Koch prognostiziert, dass Religion sich in Zukunft auf einem globalen, wachsenden Markt abspielen wird, auf dem Konsum mit einer fortwährenden Selbstkonstruktion als Teil eines alltäglichen Lebensstils existiert. Diese Identitätsbildung ist streng mit den Anbietern und ihrem Warendesign verknüpft, welches jeweils mit einem kulturellen Rahmen versehen ist.[26] Globale Märkte machen die Verbreitung von religiösen wie säkularen Gütern transkontinental möglich. Kulturelle Inhalte werden grenzenlos transportiert und verbreitet, wie es auch für Elektrogeräte, Lebensmittel, usw. gilt. Im weltweiten Versandhandel sind kulturelle Inhalte so einfach zu bestellen und abzufragen wie Smartphones.

2.2.1 Soziales Kapital und das Machtgefüge

Was also bestimmt Ökonomie und verändert oder beeinflusst die Strukturen in religiösen wie nicht religiösen Organisationen? Existiert ein Machtgefüge in religiösen Organisationen, das von äußeren Faktoren kaum beeinflusst, also autonom arbeitet? Anne Koch stellt fest, dass gerade große religiöse Organisationen ökonomisch oft an Politik und Wirtschaft gebunden sind, tauchen sie doch regelmäßig in deren Spendenbüchern auf. Es hat den Anschein, dass kulturelle und religiöse Praktiken kaum einen Bereich aufweisen, der nicht partiell ökonomische Aspekte zeigt. So hat auch die reine Vermittlung von Inhalten über Medien einen ökonomischen Faktor, der bereits bei der Produktion dieser Inhalte eine Rolle spielt. Aus diesem Grund kann die Produktion und gesellschaftliche Verhandlung von kulturellen Gütern, seien sie materiell oder nicht, immer auch in ihrem Kontext unter ökonomischen Gesichtspunkten betrachtet werden.[27]

---

[26] Koch, Anne (2014): Religionsökonomie. Eine Einführung. Stuttgart: 25.
[27] Ebd. 30.

Ein weiterer Faktor im Gefüge der Ökonomie sind die individuellen Akteure. Diese sind, wie Bordieu sagt, nach ihrem Handlungkontext, ihrem Spielraum, ihren Handlungsoptionen, Strategien und Gegenspielern zu beschreiben. Es bestehen keine einseitigen Kausalbeziehungen in der Handlungsstrategie von Akteuren. Zum Handlungskontext der Akteure oder Institutionen gehört ein Machtgefüge, welches durch ökonomisches, soziales oder kulturelles und symbolisches Kapital bestimmt wird. Kapital erscheint je nach Anwendungsbereich in der Familie, der Öffentlichkeit, in Unternehmen, einer Freundschaft oder einem Arbeitsverhältnis. Gehört ein Akteur zu einer bestimmten Gruppe erlangt er soziales Kapital, welches durch den jeweiligen Kontext der Gruppe mehr oder weniger wert ist.[28] Je nach Zugehörigkeit ist religiöses Handeln wirkmächtig. Zudem erwarten Anhänger einer sozial mächtigen Gruppe bestimmte Dinge von ihrem „Propheten" bzw. Repräsentanten des Brands. Die zugestandene Macht ist durch eine Erwartungshaltung bestimmt, die befriedigt werden muss um den Machterhalt zu sichern.[29] Wird diese Erwartungshaltung nicht mehr ausreichend unterhalten führt das zu einem Machtverlust. Das Bedürfnis nach sozialer Macht auf Seiten der Akteure bleibt jedoch bestehen und sie suchen nach neuen Anbietern, welche ihre Präferenzen befriedigen.

Während des Neoliberalismus der achtziger Jahre fand eine Umwandlung des vorher christlich dominierten religiösen Feldes statt. Durch den stärkeren Wunsch nach Individualität und Lebensverbesserung teilte sich das Feld unter vielen verschiedenen Anbietern auf.[30] Warum aber war das Feld zuvor mit einem Monopol der christlichen Kirchen belegt? War ein bestehendes Machtverhältnis dafür verantwortlich? Bourdieu wirft in diesem Zusammenhang der katholischen Kirche eine Monopolisierung religiösen Kapitals vor. Sie habe politische und soziale Macht exklusiv reproduziert und damit für lange Zeit eine Sonderstellung im Feld innegehabt.[31] Koch identifiziert Bourdieu als wichtige Quelle für die Religionsökonomie, da er das religiöse Feld mit dem Begriff der *symbolischen Manipulation* ersetzt. Symbolische Güter stehen, wie auch materielle Güter, für unterschiedliche Kapitalsorten, welche im Tausch miteinander stehen und voneinander abhängig sind.[32] Mit dieser Einordnung kann Bourdieu die Dynamiken erklären, welche

---

[28] Bordieu, Pierre (1992): Die Ökonomie der symbolisierten Güter in: ders. Praktische, Vernunft zur Theorie des Handelns. Frankfurt: 186. Folgende.
[29] Koch, Anne (2014): Religionsökonomie. Eine Einführung. Stuttgart: 64.
[30] Ebd. 68.
[31] Vgl. Bordieu, Pierre (1992): Die Ökonomie der symbolisierten Güter in: ders. Praktische, Vernunft zur Theorie des Handelns. Frankfurt
[32] Koch, Anne (2014): Religionsökonomie. Eine Einführung. Stuttgart: 69.

nicht nur ein Anbieten und Konsumieren von Gütern beschreiben, sondern auch die Machtverhältnisse, die entstehen. Konsumiertes und angenommenes Kulturgut gibt dem Produzenten soziale Macht, welche die Marktposition stärkt. Doch nicht nur die Institutionen sind in der Lage, den Markt zu beeinflussen und Macht auszuüben. Die Verbraucher bzw. Konsumenten können sich durchaus gegen institutionalisierten Druck zur Wehr setzen, wie der amerikanische Religionswissenschaftler Hugh Urban feststellt.[33]

Ökonomie wird demnach durch mehrere Arten von Macht beeinflusst. Diese Macht entsteht durch die Produktion von kulturellen Inhalten, welche von Akteuren konsumiert werden. Je weiter die Verbindungen in Politik und Wirtschaft reichen, desto mächtiger wird eine Institution und kann diese Macht ausüben. Dennoch steht die besagte Institution ständig unter Druck, die gewonnene Macht und die Erwartungshaltung aufrecht zu erhalten. Somit ist die Wechselwirkung zwischen Anbietern und Konsumenten der Faktor, welcher diese Macht produziert und erhält.

2.2.2 Wie funktioniert ein Markt?

Das religiöse Marktmodell, welches zuvor schon Erwähnung fand, ordnet Koch zur frühen Zeit der Religionsökonomie zu. Religiöse Märkte setzen religiöse Anbieter und Konsumenten voraus. Die Schwierigkeit dieses Modells liegt in der Beschreibung der Verbraucher. Das Modell geht davon aus, dass die besagten Verbraucher tatsächlich Suchende auf einem Markt sind, also immer aktiv am Kauf bzw. Konsum von Inhalten teilnehmen. Auch gibt es eine klare Unterscheidung zwischen Anbietern und Käufern, die sich jedoch leicht wiederlegen lässt. Oft kommt es dazu, dass kulturelle Inhalte über dritte authentifiziert werden, die selbst Konsumenten sind. Dennoch stellt dieses Marktmodell ein ökonomisches Grundmodell dar, an dessen Beispiel die Fluidität und Wahlfreiheit des zuletzt erwähnten religiösen Feldes sichtbar wird. Besteht Religionsfreiheit ist die Möglichkeit zur freien Kombination religiöser Inhalte, ohne potentielle negative Konsequenzen gegeben. Innerhalb des Marktes tummeln sich auch Anbieter, welche die Kategorie Religion durch Alternativen ersetzten, um für die Konsumenten gerade in einer Zeit der Individualisierung attraktiv zu bleiben.

---

[33] Urban, Hugh B. (2003): Sacred Capital: Pierre Bourdieu and the Study of Religion. in Method and Theory in the Study of Religion 15: 354. Folgende.

Märkte sind, ob politisch kontrolliert oder der eigenen Regulation überlassen, niemals von den von Bordieu beschriebenen Machtsystemen unabhängig. Koch zählt hier beeinflussende Größen wie Ausbeutungsverhältnisse, Informationsversorgung und Unterdrückung auf.[34] Zusätzlich gibt es beeinflussende Faktoren wie sozialen Druck, der das Verlangen nach einer Selbstpositionierung fördert. Die Frage nach einer unbeeinflussten und statischen Macht ist klar zu verneinen. Eine Marktposition kann nur abhängig von den äußeren Gegebenheiten existieren. Innerhalb eines freien und globalen Marktes lassen sich Akteure und Institutionen identifizieren, welche in vielen Teilbereichen des genannten Marktes tätig sind. Religiöse Organisationen belegen demnach ähnliche Marktpositionen, wie es vermeintlich säkulare Unternehmen tun. Sie sind sowohl als Anbieter als auch Nachfrager auf dem globalen Markt aktiv. So haben beispielsweise evangelikale Organisationen in den USA[35] oft nicht nur einen kirchlichen Betrieb, sondern organisieren auch soziale Aktivitäten, die weit über reine Gesprächskreise hinausgehen. Bücher und Kleidung werden mit dem eigenen Brand versehen und in Shops auf dem Kirchencampus verkauft und beworben. Coffee-Shops und Restaurants bieten ebenfalls ihre Produkte auf dem Gelände der Organisation an. Obwohl mit religiösen Labeln versehen, stehen diese Shops in einer ständigen Abhängigkeit zu den ökonomischen Gegebenheiten des globalen Marktes. Sie kaufen ihre Produkte auf Großmärkten und Internetplattformen, wie nichtreligiöse Anbieter auch. Es lässt sich zu diesem Zeitpunkt also noch kein Alleinstellungsmerkmal für religiöse Produkte ausmachen. Religiöses Marketing und der Konsum religiöser Güter findet auf keinem separierten Markt statt, wie zum Beispiel Mara Einstein annimmt.[36] Ökonomisch besteht eine feste Verbindung zwischen religiösen Akteuren, Institutionen und dem globalen Markt. Kulturelle und religiöse Identitäten können unter diesen Bedingungen zu reinen Produkten der Selbstpräsentation und Identitätsbildung werden, die losgelöst von religiösen Institutionen zum Inhalt von Branding und Kundenbindungsstrategie avancieren.[37]

---

[34] Koch, Anne (2014): Religionsökonomie. Eine Einführung. Stuttgart: 71.
[35] Twitchell, B. James (2004): Branded Nation. The Marketing of Megachurch, College Inc., and Museumworld. New York: 91. Willow Creek: Megachurch.
[36] Vgl. Einstein, Mara (2008): Brands of Faith. Marketing Religion in a Commercial Age. London.
[37] Koch, Anne (2014): Religionsökonomie. Eine Einführung. Stuttgart: 72.

Wie funktioniert also ein Markt? Es gibt Anbieter und Konsumenten. Diese Rollenverteilung ist allerdings nicht statisch, sondern bestimmt nur das jeweilige situative Verhältnis, welches die Akteure beim Kauf bzw. Konsum einnehmen. Also ist ein Konsument ein potentieller Anbieter in einem anderen Teilbereich des Marktes. Neben dieser Dynamik sind auch Machtverhältnisse ständige Handlungsmarker innerhalb des Marktes. Erwartungshaltungen gegenüber den Produkten und als Testimonial fungierenden Vertretern selbiger können über den Wert eines Brands bestimmen. Ein Produkt steht also in ständiger Abhängigkeit und Konkurrenz zu den endogenen und exogenen Dynamiken, denen es ausgesetzt ist. Religiöse Organisationen bilden in diesem Zusammenhang keine Ausnahme.

Populäre Religionen kommunizieren über und in den massenmedialen Diskursen und bewegen sich in Konkurrenz zu mehreren Teilsegmenten: zu den organisierten Religionen, zu Weltanschauung, Lifestyle, diversen Sinnangeboten und nicht zuletzt in Konkurrenz oder Allianz zum sozialen Wunsch nach Anerkennung.[38]

So stellt sich die Frage, wie Entscheidungen getroffen werden, wenn ein Markt so dynamisch und fluide ist und sowohl säkulare, als auch religiöse Angebote ineinander verschwimmen.

2.2.3 Wie wählt der Kunde?

Es ist Aufgabe der Ökonomie, Präferenzen zu erklären und zu berücksichtigen, wie sie entstehen. Das heißt, es ist Teil dieser religionsökonomischen Untersuchung, zu untersuchen, wie Verbraucher und Konsumenten wählen, und welche Rolle dabei das soziale Umfeld spielt. Koch identifiziert den schon erwähnten Neoliberalismus als einen der Gründe für eine kulturwissenschaftliche und kulturökonomische Untersuchung von Kauf- und Konsumentscheidungen. Die Rationalwahlökonomie ist zum Beispiel eine Theorie, die durch besagten Neoliberalismus begünstigt wurde. Sie geht von einer Nutzenmaximierung, einem Marktgleichgewicht und einer stabilen Präferenz auf Seiten der Konsumenten aus.[39] Rational kalkulierende Akteure haben zu befriedigende Wünsche, welche sie erfüllen möchten. Autoren, die sich mit religiösem Marketing beschäftigen sprechen hier oft von Wünschen nach einem Lebenssinn, Heilsversprechen, sozialer

---

[38] Koch, Anne (2014): Religionsökonomie. Eine Einführung. Stuttgart: 76.
[39] Ebd. 78.

Zugehörigkeit und Gesundheit.[40] Die Rationalwahltheorie beschreibt den Vorgang des Abwägens zwischen verschiedenen angebotenen Produkten. In diesem Vorgang spielen mehrere Faktoren eine Rolle. Letzten Endes kommt es zu einer Kaufentscheidung, wenn ein Produkt eine Übereinstimmung mit den Interessen des Konsumenten erzielt. Die Theorie beschreibt, dass Käufer eines Produktes mehrere Präferenzen haben, die unterschiedlich stark ausgeprägt bzw. gewertet sind. Möchte ein Akteur einer religiösen Gemeinschaft beitreten besitzt er also eine Erwartungshaltung, die mit verschiedenen Präferenzen gefüllt ist. So möchte er vielleicht nicht in eine institutionalisierte Kirche gehen, will aber bekannte Muster, wie den liturgischen Ablauf des Gottesdienstes und der Andacht, nicht missen. Außerdem ist er an sozialem Engagement auf kommunaler Ebene interessiert. Nach diesen Präferenzen kann er eine Wahl treffen. Die Rationalwahltheorie geht hier davon aus, dass Akteure ihre Präferenzen unterschiedlich gewichten und nach dem Produkt suchen, was der eigenen Gewichtung nahe kommt.

Die Rationalwahltheorie bezieht sich nicht exklusiv auf einen religiösen Markt. Untersucht man das Marketing verschiedenster Institutionen fällt auf, dass Anbieter, die säkulare Produkte anbieten, durch ihr Marketing ebenfalls Präferenzen ansprechen könnten, die zuvor nur religiösen Organisationen vorbehalten waren und umgekehrt. Sind die Anteile an religiösem Inhalt, Lebensstil und Heilsversprechen zu denen eines religiösen Produkts analog, können vermeintlich säkulare Produkte in einen ursprünglich religiös geprägten Auswahlprozess gelangen. Dies führt zu folgendem hypothetischen Beispiel: Möchte ein Akteur vier Anteile soziale Verknüpfung, vier Anteile Lebensstilverbesserung und zwei Anteile Transzendenz kaufen bzw. konsumieren und das Marketing von Apple Macintosh suggeriert ihm durch die Rezeption religiöser Rhetoriken und Motive, genau das, kann dieses Marketing theoretisch die gleichen Präferenzen ansprechen, wie ein Yoga-Gruppe oder eine christliche Gemeinde.[41]

Eine erweiternde Theorie zum Rationalwahlmodell entwickelte Rodney Stark Ende der neunziger Jahre. Die Austauschtheorie beschrieb, dass Akteure bzw. Konsumenten nach einer Nutzenmaximierung handeln. Hierbei besteht eine Kohärenz zwischen der Leistung und dem erwarteten Nutzen. Je mehr Beitrag oder im übertragenen Sinne Geld aufgewendet wird, desto mehr Ertrag erwartet der Akteur. Bei kulturellen Inhalten, wie

---

[40] Vgl. Einstein, Mara (2008): Brands of Faith. Marketing Religion in a Commercial Age. London.
[41] Nach dem Modellbeispiel von Koch, Anne (2014): Religionsökonomie. Eine Einführung. Stuttgart: 76.

auch bei materiellen Dingen suchen Konsumenten nach Belohnungen, seien sie diesseitig oder erst nach dem Tod zu erlangen. Soweit stimmt dieses Modell mit dem der Präferenzwahl überein. Die Austauschtheorie kommt zum Tragen, wenn die erste Wahl nicht zur Verfügung steht, es also kein Produkt auf dem Markt gibt, welches den Ansprüchen genügt (oder das gewünschte Produkt temporär nicht verfügbar ist). In einem solchen Fall gibt sich der Akteur, folgt man der Austauschtheorie, mit einem Ersatz zufrieden, der nahezu die gleichen Präferenzen bzw. die nächstwichtigen befriedigt. Diese Ersatz-Präferenz nennt man Kompensator. Im Fall von Religion kann dieser Kompensator laut Stark das Übernatürliche oder die Antwort auf die Frage nach dem Lebenssinn sein. Seiner Ansicht nach kann es auf Grundlage seiner Theorie auch die schon angesprochene Säkularisierung nicht geben, da er die Bedürfnisse der Akteure einer sozialen Gruppe für konstant hält. Unwichtig ist dabei, ob es sich um materielle oder geistige Bedürfnisse handelt. Großen kirchlichen Institutionen sei es jedoch in der Moderne nicht gelungen, sich der zeitlichen Veränderung (die mit dem Neoliberalismus einherging) anzupassen, weshalb Akteure nach Alternativen suchten.[42]

2.2.4 Potential und Schwächen des Rationalwahlmodells

Koch kritisiert das Modell der Rationalwahl- und Auswahltheorie später in ihrer Arbeit umfassend. Für sie ist angenommene Stetigkeit und Unveränderbarkeit von Bedürfnissen und Bedürfnismodellen nicht haltbar. Sie weist darauf hin, dass die Bedürfnisse unterschiedlicher Akteure keinesfalls als deckungsgleich gewertet werden können. Sie kann auch kein Grundbedürfnis nach Religion oder transzendenten Erfahrungen als gegeben sehen. Und auch wenn die genannten Wünsche in der genannten Ausprägung existieren sollten, gibt es keinen Hinweis auf ihre Stetigkeit. Ein weiteres Problem sind für Koch die Präferenzen, die für sie rein theoretischer Natur sind und keine empirische Grundlage haben.[43] Kochs Kritik bezüglich der starken Verallgemeinerung von Bedürfnissen, die im Rationalwahlmodell zu wenig in einen Zusammenhang gebracht werden ist begründet. Entscheidungen sind sozial abhängig und ihnen gehen komplexe Vorgänge voraus, die mehr als nur Präferenzen beinhalten. So spielen soziale Verbindungen eine tragende Rolle. Auch Kaufentscheidungen und Kompensatoren müssten genau untersucht und differenzierter formuliert werden.

---

[42] Stark (1997) in Koch, Anne (2014): Religionsökonomie. Eine Einführung. Stuttgart: 81.
[43] Koch, Anne (2014): Religionsökonomie. Eine Einführung. Stuttgart:: 87.88.89.

Doch die genannten Theorien bilden Erklärungsmodelle für geschaffene Marketingstrukturen innerhalb wie außerhalb religiöser Institutionen. Betrachtet man die Geschichte des Marketings in den USA, wie sie die Medienwissenschaftlerin Mara Einstein beschreibt, richten sich die Angebote der evangelikalen Megachurches deutlich nach bestimmten Präferenzen. Sie sprechen durch ihr Brand Management Akteure an, die ein bestimmtes Portfolio an sozialen und religiösen Bedürfnissen haben.[44] Auch Andrea R. Jain isoliert in ihrer Arbeit *„Selling Yoga, From Counterulture to Pop Culture"* Wünsche, auf die Produkte und Brands direkt ausgerichtet werden.[45] Ein Modell, welches Präferenzen als Handlungsmarker isoliert, kann helfen, klare Strukturen und Strategien im Marketing zu identifizieren und zu beschreiben. Ausgehend von den nachfolgenden Vorgehensweisen im Branding von großen Unternehmen und religiösen Organisationen ist anzunehmen, dass jene auf einer Makroebene agieren, um möglichst viele Kunden zu gewinnen. Das heißt sie gehen von Präferenzen der Konsumenten aus.

2.3 Populärkultur und Religion

Populärkultur ist fest mit den Medien verknüpft. Erst Printmedien, Radio und Fernsehen und später das Internet und soziale Netzwerke bilden die Flächen, auf welchen Populärkultur stattfindet. Für Bordieu stellt Populärkultur eine Verpackung für die Wünsche und Ideen von Akteuren dar.

> *In short popular culture is anything that can be packaged for consumers in response to their desire for a means to both identity with some people, ideas, or movements and to distinguish themselves from others.[46]*

David Ciarlo[47], Mara Einstein[48] und James B. Twitchell[49] beschreiben Marketing als etwas, das auf all diesen medialen Plattformen präsentiert wird. Marketing wird innerhalb der Populärkultur nicht nur abgebildet, sondern rezipiert und diskursiv verhandelt. Es ist vorab zu klären, was unter den Begriffen Medien und Populärkultur im Diskurs um religiöses

---

[44] Vgl. Einstein, Mara (2008): Brands of Faith. Marketing Religion in a Commercial Age. London
[45] Jain, R. Andrea (2015): Selling Yoga. From Counterculture to Pop Culture. New York
[46] Bordieu, Pierre (2002) Clark Lynn Schofield (2007): Between Sacred and Profane. Researching Religion and Popular Culture. London.
[47] Ciarlo, David (2010): Advertising and Optics of Colonial Power at the Fin de Siecle. In Langbehn, M. Volker (2010): German Colonialism, Visual Culture, and Modern Memory: 38.
[48] Einstein, Mara (2008): Brands of Faith. Marketing Religion in a Commercial Age. London: 7.
[49] Twitchell, B. James (2004): Branded Nation. The Marketing of Megachurch, College Inc., and Museumworld. New York: 3.

und religionsanaloges Marketing[50] zu verstehen ist. Dieser Diskurs und seine Theorien finden interdisziplinär innerhalb eines kulturwissenschaftlichen Feldes statt. Diese Theorien, welche Ergebnisse unterschiedlicher Disziplinen des genannten Feldes sind, haben keine einheitliche Terminologie. Die amerikanische Professorin für Journalismus Lynn Schofield Clark beschreibt es so:

> The Study of popular culture is inherently interdisciplinary, drawing upon theories and methodologies from sociology, anthropology, philosophy, psychology, history, literary criticism and media studies. Differences in in methodology, concerns, and philosophical commitments tend to vary according it disciplines, and thus whereas the field (if indeed it might be called a field) will never be standardized, there are ways in which scholars might learn from compatriots who hail from different disciplines.[51]

Populärkultur kann Kultur und Traditionen einer Gesellschaft auf nicht-akademischer Ebene verhandeln und damit die weniger dominanten Mehrheiten wiederspiegeln.[52] Lynn Schofield Clark sieht die Populärkultur als Teil der Geschichte von Kulturen. Sie ist fester Bestandteil sozialen Lebens und Begleiter sozialen Wandels. Die Untersuchung der Populärkultur bringt laut Clark drei Bereiche zusammen. Zum Ersten gilt die Kultur als Dynamik einer sozialen Gruppe von Menschen zu einer bestimmten Zeit. Diese Kultur beinhaltet Erzählungen, Bilder und Gebräuche, welche von den besagten Dynamiken zeugen. Zum Zweiten existiert die *Mass Culture,* mit der Produkte und Inhalte beschrieben werden, welche zum kommerziellen Nutzen entstehen. Hier treten das Angebot und die Nachfrage nach Produkten in den Vordergrund, welche sowohl durch den Markt als auch durch die Konsumenten und Konsumentinnen[53] beeinflusst werden. Als dritten Bereich nennt Clark *popular* und beschreibt damit den Anteil, den Menschen an der Populärkultur ausmachen. Sie bestimmen den Lebenswandel und die Interessen, die sich auf die produzierten Güter auswirken. Populärkultur reagiert auf soziale Dynamiken und gesellschaftliche Diskurse. Sie verkörpert den Zeitgeist und verarbeitet ihn gleichzeitig[54].

---

[50] Religionsanalog: Erläuterung auf Seite 25. 26
[51] Clark, Lynn Schofield (2007): Why Study Popular Culture. Or How to Build a Case for your Thesis in a Religious Studies or Theology Department. In Lynch Gordon (2007): Between Sacred and Profane. Researching Religion and Popular Culture. London: I.B. Tauris: 16. Im Folgenden Clark, Lynn Schofield (2007): Why Study Popular Culture. Or How to Build a Case for your Thesis in a Religious Studies or Theology Department.
[52] Ebd. 6.
[53] Der Einfachheit halber warden im Folgenden in dieser Untersuchung zur Bezeichnung von Personengruppen nur die männlichen Formen verwendet. Allerdings möchte ich explizit darauf hinweisen, dass Angehörige allen Geschlechts und Genders angesprochen sind.
[54] Clark, Lynn Schofield (2007): Why Study Popular Culture. Or How to Build a Case for your Thesis in a Religious Studies or Theology Department: 9.

In order to be successful and receive widespread attention – in order words to become a popular culture phenomenon – popular culture has to connect to something that holds meaning for people. Sometimes popular culture expresses the zeitgeist of an era, speaking to deep-seated beliefs that are consistent with what we believe are the best qualities of our collective society. It is no coincidence that a rise in state support for civil unions and same sex marriage would occur in the same era in which a film like "Broke-back Mountain" attracts A-List movie stars and achieves box office success.[55]

Populärkultur bildet Bedürfnisse und den Wunsch nach einer Auseinandersetzung damit ab. In Filmen, Büchern, Spielen und Werbespots können unterbewusste Themen angesprochen werden, die Akteure nicht bewusst ausdrücken würden. Ein Beispiel dafür ist das unterbewusste Bedürfnis, sich über andere lustig zu machen. Das Leid und die Unzulänglichkeiten anderer haben das Potential, den Zuschauer zu befriedigen. Beispiele dafür sind die Serien „Eine schrecklich nette Familie" und „Die Simpsons", welche sich genau diesen Umstand zu nutzen machen, um zu amüsieren. So inhärieren mediale Inhalte innerhalb der Populärkultur nicht notwendig einen lehrenden Faktor, sondern haben viel mehr die Fähigkeit, Bedürfnisse zu artikulieren und zu zeigen, was Akteure glauben und wollen, ohne es zu tun. Betrachtet man diese Dynamik, wird deutlich, dass ein Alleinstellungsmerkmal von Populärkultur der Umgang mit dem Unbewussten ist. Steuert eine Serie oder ein Spot die Schadenfreude und Bosheit der Akteure an, kann dies subtil und raffiniert verpackt sein, um dem Zuschauer seine eigenen Unzulänglichkeiten nicht vor Augen zu führen. So besteht die Motivationsgrundlage in diesen Fällen darin, unartikulierte Abgrenzungsmechanismen zu aktivieren. Clark weist in diesem Zusammenhang auf die Arbeitsweise der Werbung hin, welche durch die Nutzbarmachung der unbewussten Ängste und Bedürfnisse selbige steuern kann. Auch religiöse Organisationen haben erkannt, wie weitreichend die Möglichkeiten der Populärkultur und der genutzten Medien sind.

And religion is increasingly getting into the act, employing branding techniques in order to appeal to prospective parishioners, to encourage giving in capital campaigns or simply to increase awareness of religious organizations or to evangelize within their communities:[56]

Werbung wird von religiösen Organisationen genutzt, um Kunden bzw. Mitglieder zu generieren, während vermeintlich säkulare Unternehmen Religion und religiöse Rhetorik in ihre Werbung integrieren. Sie sprechen den Sinn für Tradition, Sentimentalität und den Wunsch nach einer transzendenten Erfahrung an. In diesem Zusammenhang scheint es

---

[55] Clark, Lynn Schofield (2007): Why Study Popular Culture. Or How to Build a Case for your Thesis in a Religious Studies or Theology Department: 9.
[56] Ebd. 10.

keine wesentliche Rolle zu spielen, welcher Art das Produkt ist. Sowohl Smartphones, Kaffees als auch Bier oder Spielzeug werden mit spiritueller oder religiöser Bedeutung aufgeladen. Medien und das in ihnen abgebildete Marketing haben Identitätsbildende Faktoren, sie fördern Identifikationsprozesse, indem sie Produkte und Marken mit Narrativen und Bildern aufladen. Auch innerhalb religiöser Gemeinschaften kann Marketing Einfluss auf Lebensart und Lebensstil der Akteure nehmen und religiöse Praxis verändern.[57] Clark sieht Religion als Bestandteil von Werbung. Religiöse Produkte bzw. Motive werden in die Werbung übernommen und unterliegen dort ständigen Rezeptionen. [58] Die Betrachtung von Religion in Verbindungen mit populärkulturellen Inhalten gewährt Einblick in die Funktionsweise von kleinen Gruppen bis hin zu Gesellschaften. Er sieht Populärkultur als etwas, das Inhalte mit einer emotionalen Sprache vermittelt. Durch die Identifikation der Akteure mit diesen Inhalten können sie sich innerhalb sozialer Gruppen platzieren und orientieren. Was populär wird gibt Hinweise auf die Funktionsweise von Gemeinschaften. Eine Untersuchung populärkultureller Inhalte kann Aufschluss über die Veränderungen geben, die zum gegenwärtigen Zustand einer Gesellschaft führten.

> *Studying popular culture in religious studies and theology therefore provides insights into how commitments to faith communities' and alternative communities are formed and maintained through connections to material goods, and what it might mean to be a faith participant, and a citizen and consumer in public life in a commercially orientated world.[59]*

Gordon Lynch identifiziert die Medien als Verhandlungsräume religiöser Inhalte. Neben traditionellen Institutionen sind die Populärkultur und die damit verbundenen Medien eine weitere Plattform, auf welcher Religion gelebt und individualisiert wird. Medien erweitern die Räume zur Verhandlung von Religion und Kultur. Existierende Definitionen von Religion werfen in Verbindung mit populärkulturellen Inhalten Probleme auf. So geht es für Lynch nicht um die Anwendung vorher festgelegter Kategorien auf die Bereiche von Medien und Popkultur, sondern um ein grundlegendes Verständnis für die Fluidität und Individualität von Gegenwartsreligiosität.[60]

---

[57] Clark, Lynn Schofield (2007): Why Study Popular Culture. Or How to Build a Case for your Thesis in a Religious Studies or Theology Department: 11.
[58] Ebd. 20.
[59] Ebd. 11.
[60] Lynch Gorden (2007) What is this "Religion" in the Study of Popular Culture? London: 126.127.128.129.

22

David Morgan beschreibt Religion als kulturelle Praxis, welche durch das Verhältnis von Menschen, Orten, der Natur und sozialer Kommunikation geprägt wird. Die Gesellschaft und deren Bedürfnisse ändern und wandeln Religion. Die Medien folgen ähnlichen Dynamiken. Sie beeinflussen die Gefühle, soziale Bedürfnisse und die Phantasie der Konsumenten. Durch diese Analogie, so schreibt Morgan, besteht eine Synthese zwischen Religion und Medien[61].

...most people in the modern world spend most of their time constructing the selves and communities that define who they are. In varying degrees, these fuel the imagination of millions and deliver a shared stock of symbols that embody people's hopes, desires, fears, and hatreds.[62]

Akteure, die sich in einer modernen Welt bewegen, setzen sich einen großen Teil ihres Lebens mit Inhalten aus der Popkultur auseinander. Diese Inhalte[63] repräsentieren Wünsche, Bedürfnisse und Ängste. Das Ignorieren oder Geringschätzen von Populärkultur würde, laut Morgan, eine Vernachlässigung der Lebensart nach sich ziehen, wenn Religion untersucht werden soll. Akteure nutzen Popkultur in ihrem *Everyday Life*, um sich mit Religion auseinanderzusetzen.[64] Eine Untersuchung populärkultureller Inhalte sollte demnach sowohl die Autoren von Populärkultur als auch ihre Rezipienten miteinbeziehen. Erst durch die Verhandlung, Adaption und Rezeption der Produkte werden sie zum Teil von Popkultur. So findet, laut Clark, auch Werbung als Teil von Populärkultur Eingang in alle Bereiche des sozialen Lebens, auch von gelebter Religion. Er argumentiert, dass religiöse Organisationen in den USA moderne Werbung relativ spät in den Sechzigern und Siebzigern für sich entdeckten, dass jedoch die Nutzbarmachung von Religion und Glaube zur Legitimation von Regeln, Normen und Herrschern historisch lange zurückreicht.

Als Teil von Populärkultur stellt Marketing ein identitätsstiftendes Medium dar. Ist die Popkultur die Verhandlung kultureller und sozialer Inhalte, so steht das Marketing für die Nutzbarmachung dieser Inhalte zur Kundebindung und Schaffung neuer Brands. Die Suche nach Identität, Zugehörigkeit und sozialem Status sind Inhalt von Populärkultur und zugleich Eigenschaften, die das Brandmanagement vieler Unternehmen mitbestimmen. Marketing ist in diesem Zusammenhang Autor und Rezipient popkultureller Diskurse.

---

[61] Morgan, David (2007): Studying Religion and Popular Culture. Prospects, Presuppositions, Procedures. In: Lynch Gorden (2007) Between Sacred and Profane, Researching Religion and Popular Culture. London: 347.348.
[62] Morgan, David (2013): Religion and media: A critical review of recent developments. In Critical Research no Religion 1 (3): 21.
[63] Inhalte von Populärkultur hier nach Davod Morgan: Filme, Spiele, Bücher, Werbung usw.
[64] Morgan, David (2013): Religion and media: A critical review of recent developments. In Critical Research no Religion 1 (3): 13.

2.4 Religionsanalogie als Arbeitsbegriff

David Morgan und Lynn Clark weisen in ihren Ausführungen darauf hin, dass Populärkultur ein wichtiger Untersuchungsgegenstand ist, wenn es darum geht, Kulturen zu beschreiben. Populärkultur und die Medien sind ein identitätsbildender Faktor in modernen Gesellschaften. Hier stellt Morgan eine Verbindung her. Er sieht innerhalb der Medien bzw. der Populärkultur die gleichen Dynamiken, die er auch Religion zuschreibt[65]. Diese Verbindung beschreibt der Begriff **religionsanalog**. Dieses Adjektiv bezeichnet identitätsbildende Aushandlungsprozesse, welche medial vermittelt werden und Einfluss auf den Glauben und die Handlungen der Akteure innerhalb einer Kultur bzw. sozialen Gruppe haben. Hierbei handelt es sich nicht dezidiert um religiöse Motivik oder Inhalte, sondern um die Werkzeuge, die genutzt werden, um Identität zu schaffen und die z.B. Riesebrodt in *„Cultus und Heilsversprechen. Eine Theorie der Religion"*[66] einem Religionsbegriff zuordnet.

Verspricht ein Produkt bzw. das dazugehörige Branding und Marketing ein besseres Leben, soziale Kontakte, Naturverbundenheit usw. wird dies hier als **religionsanalog** bezeichnet. Es handelt sich weder um religiöse Versprechen, noch um das Marketing einer religiösen Organisation, doch können Analogien zur Art, Weise und Formulierung solcher aufgezeigt werden.

---

[65] Morgan, David (2007): Studying Religion and Popular Culture. Prospects, Presuppositions, Procedures. In: Lynch Gorden (2007) Between Sacred and Profane, Researching Religion and Popular Culture. London: 347.
[66] Vgl. Riesebrodt, Martin (2007): Cultus und Heilsversprechen. Eine Theorie der Religionen. München.

3 Der Marketingbegriff und seine Geschichte

Der Marketingbegriff innerhalb der Kulturwissenschaft wird in den neunziger Jahren bei Laurence Moore und Leigh Eric Schmidt verhandelt, die ihn in Verbindung mit religiös konnotierten Produkten in einem Zusammenhang mit dem *Religious Marketing* erwähnen. Diese Art von Marketing sieht auch Mara Einstein als Phänomen des 20. Jahrhunderts und der Verbreitung von Popkulturellen Inhalten.[67] Genutzt wird der Marketingbegriff schon seit Ende des 19. Jahrhunderts an Universitäten um Verkaufsstrategien zu besprechen.[68] Tatsächlich erscheint aber erst 1914 das erste Buch über Marketing unter dem Namen *„Marketing Methods and Salesmanship: Modern Business"*. und ist bereits ein Methodenbuch für den Verkauf.[69] Was ist nun das, was wir heute als modernes Marketing bezeichnen? Welche Hinweise gibt das frühe Marketing wenn es um die ihm später zugeschriebene Wirkmacht[70] geht? Ein Beispiel das von Kunstwissenschaftler David Ciarlo bearbeitet wurde kann hier Aufschluss geben.

3.1 Das visuelle Marketing und Branding

David Ciarlo beschreibt in seinem Aufsatz *„Advertising and the Optics of Colonial Power at the Fin de Siecle"* eine Vorgehensweise, welche Firmen schon im 19. Jahrhundert nutzten, um ihre Produkte mit dem Orient zu verknüpfen und dadurch Exklusivität zu inszenieren.

In den letzten Dekaden des 19. Jahrhunderts, so Ciarlo, wurde Marketing erstmals visuell und allgegenwärtig. In Großbritannien entstanden, verbreitete sich die neue Technik bald in allen Ländern, in denen die industrielle Revolution Einzug gehalten hatte. Kleine Agenturen entstanden, die zur Bewerbung von Produkten Bilder und Plakate druckten, welche tausendfach vervielfältigt und unter den Konsumenten verbreitet wurden. Zu Beginn handelte es sich bei den Bildern noch um sehr einfach Motive, die die Verwendung des Produktes zeigten. Bei Haushaltsprodukten war beispielsweise eine Frau abgedruckt, die selbige benutzte. Wenige Jahre nach dem Aufkommen der ersten Werbebilder wurden

---

[67] Vgl. Einstein, Mara (2008): Brands of Faith. Marketing Religion in a Commercial Age. London.

[68] Vgl. McCarthy, E. J. (1960): Basic Marketing: A Managerial Approach, Homewood, Irvin.

[69] Buttler, Ralph Starr (1914): Marketing Methods and Salesmanship. Modern Business.

[70] Sowohl Mara Einstein als auch James B. Twitchell und John Grand nennen ein gutes Marketing äußerst wirkmächtig.

jedoch Geschichten um die zu bewerbenden Produkte gesponnen. Der bestimmende Faktor dieser Veränderung war die industrielle Revolution, welche viele Anbieter für die gleichen Waren hervorgebracht hatte. Es war notwendig geworden die Außerordentlichkeit der eigenen Marke zu demonstrieren[71].

Werbung stellte in den Kolonialstaaten eine Schlüsselposition dar, wenn es darum ging, koloniale Ideologien zu prägen. Die visuelle Verknüpfung eines Produktes mit kolonialen Motiven eröffnete neue Möglichkeiten. Werbung und Brandmanagement waren ein Werkzeug der öffentlichen Meinungsbildung. Mit Bildern konnten Inhalte anders vermittelt werden. Unabhängig von öffentlicher Berichterstattung entstanden Narrative, die mit den Kolonien verknüpft wurden. Durch Tabak, Schokolade und andere damals exotisch konnotierte Produkte konnten sich Konsumenten in einen kolonial geprägten Kontext einordnen. Zwar genossen bestimmte Produkte schon vor der Visualisierung durch Werbung gesellschaftlichen Status, jedoch konnten sie durch Bilder und Geschichten mit einer gänzlich anderen Wirkmacht aufgeladen werden[72]. Der Einfluss des Marketings auf die Meinungsbildung wuchs in den darauffolgenden Dekaden stark an. Die Verknüpfung einer Geschichte mit einem Produkt führte nicht nur dazu, dass die Konsumenten das Produkte kauften, weil es mit bestimmter Motivik aufgeladen worden war, sondern auch zu Marketing, das mithilfe der Produkte ein Bild des Orients vermittelte, welches vollkommen unabhängig von jeder Wirklichkeit existierte.

> *The goods that one purchased, ate or wore had connoted status and fashioned identity for centuries of course. Yet advertising and illustration packaging pictorially delineated these social constructions. The mundane consumption of product was only laced with fantasy, but that fantasy was literally illustrated.[73]*

Status wurde nun vollkommen anders generiert. Er war zwar stets mit den Produkten verknüpft, die die Konsumenten kauften, jedoch generierte er sich nicht nur durch das Produkt selbst, sondern durch die dazugehörige Fantasie, also das Narrativ, welches dem Brand durch das Marketing verliehen wurde.

In Deutschland begann das Marketing laut Ciarlo sehr pragmatisch und zeigte oft nur, wozu das Produkt verwendet werden konnte. Eine Werbung für Waschmittel zeigte z.B. eine Frau beim Waschen von Kleidung. Mit voranschreitender Entwicklung stand jedoch

---

[71] Ciarlo, David (2010): Advertising and Optics of Colonial Power at the Fin de Siecle: 40.
[72] Ebd. 39.
[73] Ebd. 39.

immer mehr die Verführung und Verlockung im Vordergrund eines erfolgreichen Produktmarketings.

As advertisers searched for ways to entice the public, they often turned to visions of the exotic – and particularly to the exotic realm of the Orient. Cigarette tins chromolithographed romanticized Egyptian landscapes, while tea tins painted scenes from distant China.[74]

In diesem Zusammenhang spielte das Marketing auch im Zuge der Kolonialisierung eine wichtige Rolle. Die Motivationsgrundlagen der einzelnen Firmen, die Produkte vertrieben waren zwar teils politisch geprägt, jedoch hauptsächlich an den Verkaufszahlen orientiert.[75] Folgt man Ciarlo in seinen Ausführungen, war das orientalische und exotische an einem Produkt ein klares Kaufargument für die Konsumenten.

Es ist festzustellen, dass Marketing ein Bild des Orients in der Bevölkerung vermittelte oder es veränderte. Die Verbreitung eines Orientbegriffs und der Motivik in visueller Form innerhalb des Marketings finden in der Kolonialzeit einen Höhepunkt. Die Sinneinheit des Orients wird mit neuen Inhalten gefüllt. Wie Andrea Polaschegg beschreibt, übt die Fremdartigkeit und Andersartigkeit während der Kolonialzeit eine hohe Anziehungskraft auf das Bürgertum aus. Der Orient wird hier nicht als Abgrenzungsfolie verwendet, sondern als etwas das so interessant und exklusiv ist, dass die Konsumenten daran teilhaben möchten. Der Begriff des Orients verschwimmt in diesem Zusammenhang zu einer Hülse, die durch die jeweilige Verwendung des Marketings mit neuen Zuschreibungen aufgeladen wird. Georg Glasze schreibt dazu:

Damit wird es möglich, wirtschaftliche Zusammenhänge – genau wie andere Formen gesellschaftlicher Strukturierung – als sozial hergestellte, kulturell spezifische und damit auch prinzipiell veränderliche und hinterfragbare Konstruktionen zu thematisieren.[76]

---

[74] Ciarlo, David (2010): Advertising and Optics of Colonial Power at the Fin de Siecle: 42.
[75] Ebd. 42.
[76] Glasze Georg, Mattissek Anika (2009): Handbuch Diskurs und Raum : Theorien und Methoden für die Humangeographie sowie sozial und kulturwissenschaftliche Raumforschung. München: Transcript: 17.

Abb. 1: Süddeutsche Zeitung Nr 54/2016

So unterliegt auch der Begriff des Orients zu Beginn des 20. Jahrhunderts den Aushandlungsprozessen populärkultureller Inhalte. Es zeigen sowohl James B. Twitchell als auch Mara Einstein Marketing als fest verknüpft mit der Populärkultur.[77][78] Das frühe Marketing in Ländern wie Großbritannien und Deutschland kann als ein formender Faktor in Bezug auf einen Orientbegriff bezeichnet werden, der sich während des 19. und 20. Jahrhunderts in einer Hochzeit des Kolonialismus weiterentwickelte. Die Visualisierung von exotischen und orientalisch konnotierten Inhalten verknüpft mit Produkten ist als ein Grund für diese Weiterentwicklung zu identifizieren. So erscheint Marketing bereits früh als eine Polarisierungsstrategie in einem popkulturellen Diskurs. Diese Dynamik lässt sich auch im modernen Marketing immer wieder beobachten. Ein Beispiel aus den zwanziger Jahren des letzten Jahrhunderts zeigt die Verbindung von Produkt und Orient. Es stammt von dem Künstler Joseph Binder und stellt eine Zigarettenwerbung dar.

---

[77] Twitchell, B. James (2004): Branded Nation. The Marketing of Megachurch, College Inc., and Museumworld. New York: 3.
[78] Einstein, Mara (2008): Brands of Faith. Marketing Religion in a Commercial Age. London: 7.

28

3.2 Commercial Culture

Der Professor für American Studies R. Laurence Moore veröffentlichte 1994 sein Werk: *„Selling God, American Religion in the Marketplace of Culture"*. Er konstruiert das Bild einer *Commercial Culture*, einer soziokulturellen Dynamik, welche zum einen durch evangelikale und protestantische Inhalte und zum anderen von kommerziellen ökonomischen Aspekten beeinflusst wird. Seinen Ausführungen ist vorwegzunehmen, dass er sich ähnlich wie Mara Einstein ausschließlich mit der amerikanischen Religionsgeschichte auseinandersetzt.[79] Auch die Bewertung ökonomischer Gesichtspunkte eines religiösen Marktes findet nur unter Berücksichtigung amerikanischer Quellen und Beispiele statt. Er stellt sich jedoch Fragen, die Einstein nur marginal bearbeitet. Dem Einwand, dass es sich hier um eine verhältnismäßig alte Arbeit handelt und sie vor diesem Hintergrund noch mit teils monolithischen historischen Blöcken arbeitet, ist stattzugeben. Moores Buch findet hier dennoch Erwähnung, da seine Schilderungen der Dynamiken des religiösen Markts immer noch relevant sind. Wie wird das frühe Marketing in den USA des 20. Jahrhunderts von Religion beeinflusst? Wieso war es notwendig, dass evangelikale Organisationen und führende Persönlichkeiten selbiger am Markt[80] partizipierten?

Moore beschreibt Religion in den Vereinigten Staaten von Amerika als allgegenwärtig. Sowohl die Politik als auch alle sozialen Klassen seien von evangelikalen Inhalten geprägt. Das Wachstum kirchlicher Institutionen hing maßgeblich von ihrer Partizipation am ständig wachsenden kulturellen Markt ab. Die Verbindung von Religion und religiösen Produkten, mit denen Inhalte und Lehren verbreitet werden sollten machten die USA im 20. Jahrhundert zu dem Ort für modernes religiöses Marketing und die *Commercial Culture*.[81] Moore differenziert zwischen dem Kulturbegriff[82], den er als anthropologisch bezeichnet, und dem Begriff der *Commercial Culture,* welcher auch ökonomische und kommerzielle Bereiche von Kultur einbezieht. Im Wesentlichen geht es um Güter, die von Akteuren in großen Mengen konsumiert werden. Mit der rasanten Entwicklung der

---

[79] Vgl. Einstein, Mara (2008): Brands of Faith. Marketing Religion in a Commercial Age. London.
[80] Moore (1994): Moores Marktmodell erklärt sich nur im Zusammenhang mit seinen Ausführungen. Spricht er von „Dem Markt" geht es um einen amerikanischen Markt auf dem auch religiös konnotierte Produkte angeboten werden. Für ihn sind sie von Beginn an Teil eines ökonomisch geprägten Systems.
[81] Moore, R. Laurence (1994): Selling God. American Religion in the Marketplace of Culture. New York: 5.
[82] Ebd. 5. Von Menschen geschaffene Objekte, Kunstwerke, Artefakte, Ideologien und Verhaltensregeln fallen für Moore unter einen anthropologischen Kulturbegriff.

Populärkultur und dem immer weiter wachsenden Markt war das Angebot solcher Güter im 20. Jahrhundert unermesslich geworden. Fiktion, Melodramen, Sport, Comedy und andere Genres gestalteten das Angebot von Populärkultur und wurden zum Bestandteil des *Marketplace of Culture*.[83] Zu Beginn dieser Entwicklung hatten evangelikale Prediger noch wenig Anteil an diesem Marktplatz. Moore schreibt dass sie sich „schwer" taten, sich auf existierenden Märkten zu positionieren. So beschränkte sich ihre Produktpalette anfangs nur auf Bücher.[84] Moore differenziert hier zwischen verkauften Produkten und anderen ökonomischen Faktoren. Zum Vertrieb des religiösen Outputs gehörten außer den Büchern auch die Radio und Fernsehauftritte der Teleevangelisten. Greifbare religiöse Produkte waren jedoch hauptsächlich Printmedien. Die Voraussetzung für eine Kommerzialisierung von Religion und religiösen Gütern[85] sieht Moore im ersten Verfassungszusatz der USA[86]. Dieses Gesetz legte den Grundstein für ein kompetitives und kommerzielles System. Es ermöglichte einen nicht staatlich kontrollierten Wettbewerb zwischen den einzelnen Denominationen, da keine durch höhere Entitäten bevorzugt oder begünstigt war. Die Verbreitung von Texten und die in der Bevölkerung weitverbreitete Fähigkeit, diese auch zu lesen, stellen ebenfalls einen Faktor für die Verbreitung von kulturellen Inhalten dar.[87] Carrette und King beobachten dieses Phänomen auch in Europa, wo durch die Trennung von Staat und Kirche und unter dem Einfluss des Liberalismus Religion zur Privatangelegenheit wurde. Sie bezeichnen diese Dynamik als *Cultural Shift*.[88] Akteure konnten durch diese grundlegende Veränderung der Rechtssysteme religiöse Alternativen erfahren und außerhalb der staatlichen Restriktionen agieren. Dies begünstigte die Entstehung eines Schmelztiegels von religiösen und kulturellen Inhalten, den Carrette und King als *New Age* bezeichnen. Wie schon erwähnt waren die Teleevangelisten bereits in der ersten Hälfte des 20. Jahrhunderts eine Beispiel für die Akteure, welche diese *Cultural Industry* mitgestalteten. Sie funktionierten als personifizierte Alleinstellungsmerkmale im ständig wachsenden Markt. Als Teil eines Brands waren sie sogenannte Testimonials innerhalb einer sich ständig

---

[83] Moore, R. Laurence (1994): Selling God. American Religion in the Marketplace of Culture. New York: 6.
[84] Ebd. 6.
[85] Moore spricht hier im Englischen immer wieder von „commodities", was hier frei mit Gütern übersetzt ist
[86] First Amendment, Cornell University Law School Legal Information Institute. Archived from the original on May 3, 2013: Congress shall make no law respecting an establishment of religion, or prohibiting the free exercise thereof; or abridging the freedom of speech, or of the press; or the right of the people peaceably to assemble, and to petition the Government for a redress of grievances.
[87] Ebd. 35.
[88] Carrette Jeremy und Richard King (2005): Selling Spirituality. The silent takeover of Religion. New York: 13.14.

weiterentwickelnden Marketingstrategie. Durch diese ambitionierte Vermarktung wurden religiöse Inhalte immer weiter popularisiert und einem breiteren Publikum zugänglich.[89] Dies ermöglichte es, auch Menschen mit einem kommerziell orientierten, hedonistischen Lebensstil anzusprechen.

The changes in organized religion affected the rest of the nation's culture. The commercialization of divinity pushed religion into the public areas of American life and made it central to American mythmaking, to its politics and to its delineation of social and ethnic divisions. Americans learned to work and play, to read and write, to divide and unite by rules that were heavily influenced by religious messages. [90]

3.3 Das Produkt: Spiritualität

Moore sieht in der politischen Entwicklung Nordamerikas die Grundvoraussetzung für die Kommerzialisierung von Religion und die Entwicklung der auf dem Markt kursierenden Termini. So versteht er Kategorien wie spirituell, religiös und säkular als soziale Konstruktionen, welche ohne stetige historische Bedeutung existieren. Diese Kategorien stehen für eine Vielzahl von Signifikanten, die im Diskurs und auf dem freien Markt immer wieder mit neuen Zuschreibungen belegt werden.[91] Betrachtet Moore diese Feststellung noch als zu bewältigendes Problem, stellt sie später für Jeremy Carrette und Richard King die Möglichkeit dar, diese Begrifflichkeiten als durch den Diskurs definierte und gefüllte Signifikanten zu identifizieren und diese Dynamik zum Untersuchungsgegenstand zu machen.[92]. So bearbeiten sie auch den Begriff der Spiritualität und seine Vermarktung unter Berücksichtigung der historischen und kulturellen Verhandlungen. Die Einordnung hängt hier immer vom soziokulturellen Standpunkt ab.[93]Was hat das aber mit dem Verkauf von Religion zu tun? Und wie sickern Begrifflichkeiten wie spirituell und religiös in das Marketing vermeintlich säkularer Brands?

Der Terminus Spiritualität ist Teil der Entwicklung um die Privatisierung von Religion. Dieser Begriff funktioniert als fluide Kategorie. Mit ihm gehen in der Popkultur weitaus weniger negative Assoziationen einher, wie es bei den Termini Religion und Kirche der Fall ist, so Carrette und King. Spiritualität kann als Abgrenzungsfolie gegenüber

---

[89] Moore, R. Laurence (1994): Selling God. American Religion in the Marketplace of Culture. New York: 91
[90] Ebd. 91.
[91] Ebd. 7.
[92] Vgl. Carrette Jeremy und Richard King (2005): Selling Spirituality. The silent takeover of Religion. New York.
[93] Ebd. 6.

institutionalisierter Religion, wie zum Beispiel christlichen Kirchen oder islamischen Organisationen, funktionieren.[94] Spiritualität steht außerdem für ein *Rebranding* und *Downsizing* von Religion, um ein breiteres Feld von Konsumenten anzusprechen. Dogmatische Kanones und sakral konnotierten Territorien, wie Kirchen und Klöster wurden zu Ideengebilden und Lifestyleprodukten gesundgeschrumpft, um eine Distanz zu den negativen Zuschreibungen der Vergangenheit zu gewinnen. [95] Religiöse Termini und Inhalte werden im Zuge dessen zu einer Art Kapital, das frei verfügbar und ungebunden ist und nun in zahllosen kommerziellen Marketingkampagnen verwendet werden kann. Kulturelles Kapital wird zum Werkzeug, um Produkte in Mystik, Authentizität und Spiritualität zu kleiden, ohne direkt mit religiösen Strömungen ihrer politischen und religiösen Positionierung in Verbindung gebracht zu werden. [96] Carrette und King formulieren es so:

> *Marketing „the Spiritual" allows companies and their consumers to pay lip-service to the exotic, rich and historically significant religions of the world at the same time as distancing themselves from any engagement with the worldviews and forms of life that they represent. Religion is rebranded as "spirituality" in order to support the ideology of capitalism.[97]*

Sie zählen vier Akteursgruppen auf, in die sich ihrer Meinung nach das Feld derer, die die Kategorie Spiritualität kommerziell nutzbar machten, aufteilt. Zum einen existieren Gruppen die das ökonomische Potential der Kategorie ausschließlich nutzen, um finanziell fluide und handlungsfähig zu sein. Sie lehnen den Neoliberalismus und die Bereicherung durch die Verwendung von Spiritualität als Verkaufsargument ab. Carrette und King bezeichnen diese Akteure als Anhänger einer antikapitalistischen Form von Spiritualität. Zum zweiten nennen sie die Gruppe derer, die Spiritualität als Teil der *Comercial Culture* verstehen. Sie lehnen einen kapitalistischen Ansatz zwar ab, sehen den Umgang mit der Kategorie aber durchaus von einer ökonomischen Warte aus. Die dritte Gruppe ist die der Individualisten, welche sich und ihre Organisationen persönlich durch die Verwendung von Marketingstrategien und aktiver Teilnahme am Markt bereichern. Beispiel hierfür sind die Teleevangelisten, die als einzelne Personen, evangelikalen Organisationen vorstehen und als Teil eines Brands funktionieren.

---

[94] Carrette Jeremy und Richard King (2005): Selling Spirituality. The silent takeover of Religion. New York: 15.
[95] Ebd. 16.
[96] Diese Vorgehensweise beschreiben: Moore (1994), Einstein (2008), Carrette/King (2005), Grant (2008).
[97] Ebd. 17.

Zwar vermerken Carrette und King, dass eine Verknüpfung von Religion und Kapitalismus schon immer vorhanden sei, jedoch verstehen sie die *Prosperity Religion*[98] als Phänomen des 20. Jahrhunderts, das fest mit einer modernen Consumer Culture verknüpft ist, die eine Folge der industriellen Revolution darstellt. Die finale Gruppe ist die Gruppe der Konzerne und Marketingagenturen, die traditionelle religiöse Ansprüche, sowie soziale Verknüpfungen zum Wunsch nach bestimmten Produkten *rebranden*. Diese Akteure folgen einer rein gewinnorientierten Strategie und nutzen Spiritualität als Verkaufsargument, um ein Bild von Authentizität und Tradition zu zeichnen.[99] Diese Vorgehensweise ist Teil vieler theoretischer Werke über Kultmarketing und Brandmanagement, die mit Strategien zur nachhaltigen und erfolgreichen Kundenbindung werben. Die Übernahme von Religion durch große Konzerne führte zum Brand Spiritualität und einem marktorientierte Wertesystem. Dieses System hat sich laut Carrette und King durch die Rezeptionen im Produktmarketing vieler einzelner Anbieter manifestiert, die lediglich einem kulturellen Trend folgend ihr Brand gestalteten. So schreiben sie diesem Prozess eine transformative Kraft zu welcher der Terminus Spiritualität in Verbindung mit dem ökonomisch motivierten Kapitalismus im 20. Jahrhundert geworden ist.[100]

Die letzten beiden Gruppen, die Carrette und King beschreiben, sind jene welche die Fallbeispiele für eine Untersuchung bezüglich des Marketings liefern. Die Gruppe um die *Prosperity Religion* dient hier als Folie für den Abgleich mit rein kapitalistisch orientierten Organisationen. Akteure innerhalb der evangelikalen Großkirchen, die in Verbindung mit Teleevangelismus und großen Marketingkampagnen stehen sind Teil religiöser Organisationen, die Marketing, Brandmanagement und Kundenbindung aktiv betreiben. Die Beobachtung dieser Unternehmen lässt vermuten, dass die Vorgehensweise im Brandmanagement und die verwendeten Strategien deckungsgleich mit denen von Unternehmen wie Starbucks und Apple sind. Hierbei handelt es sich um Unternehmen, die mit Lifestyle, Authentizität und Tradition werben. Carrete und King deuten mit ihrem

---

[98] Woodhead, Linda und Heelas, Paul (2000): Religion in Modern Times. An Interpretive Anthology: 174: "Prosperity Religion, of course. Is bound up with what would appear to be an ever-more significant feature of modern times: the growth of consumer culture and the associated ethnicality - if–that is the right term – of people intent on satisfying their consumeristically driven desires. It could well be the case that prosperity religion is (characteristically) about the sacralisation of utilitarian individualism."
[99] Carrette Jeremy und Richard King (2005): Selling Spirituality. The silent takeover of Religion. New York: 18-25.
[100] Ebd. 28.

Buchtitel „*Selling Spirituality the Silent Takeover of Religion*" darauf hin, dass Spiritualität als Teil eines modernen Verständnis von Lifestyle bereits fest mit dem Branding moderner Firmen verbunden ist und sich lange nicht mehr auf religiöse Organisationen beschränkt.

Lässt sich also Spiritualität als Anteil von modernem Marketing identifizieren? Und ist dieser durch Marken und die Populärkultur neuformulierte Terminus Teil einer Gegenwartsreligiosität, die sich im *Selfbranding* einzelner Akteure äußert? Arbeiten, wie die von Jeremy Carrette und Richard King oder auch von Lynn Schofield Clark[101] oder Anrea R. Jain[102] beantworten diese Fragen mit einem Ja. Teile von Religionen und ihnen zugeordnete Traditionen, sind bereits fest mit der *Commercial Culture* des 21. Jahrhunderts verknüpft. Spiritualität funktioniert innerhalb von Brandmanagement nicht nur durch die Verwendung der Terminologie, sondern auch durch Zuschreibungsprozesse, die gezielt angesteuert werden. Bilder und Slogans sollen eine Verknüpfung zwischen dem, was der Akteur in seiner Lebenswirklichkeit als positiv, heilend, sozial wertvoll usw. erachtet, und dem zu verkaufenden Produkt schaffen. Spiritualität steht hier in der weiteren Verhandlung des Marketings von religiösen Organisationen für die mit Heilsversprechen aufgeladenen Produkte, welche in Teilen auch noch durch sakral wirkende Örtlichkeiten ergänzt werden.[103]

---

[101] Vgl. Clark, Lynn Schofield (2007): Religion, Media, and the Marketplace. New Jersey und London
[102] Vgl. Jain, R. Andrea (2015): Selling Yoga. From Counterculture to Pop Culture. New York.
[103] Vgl. Robinson, Brett T. (2013): Apletopia. Media Technology and the Religious Imagination of Steve Jobs. Waco

4 Religion als Marketinginstrument

Auf theoretischer Ebene ist klar geworden, dass Spiritualität und Religion als klar identifizierbare Termini eine wichtige ökonomische Rolle spielen können. Auch Produkte und Unternehmen, welche auf den ersten Blick keinerlei Verbindungen zu den fluiden Kategorien von Religion, Spiritualität und Heilsversprechen erkennen lassen, stehen in vielen Fällen in Verbindung mit diesen. Es beginnt bei den ökonomischen Abhängigkeiten von religiösen Organisationen zu anderen Firmen und Konzernen und erstreckt sich bis hin zur Nutzbarmachung und Verwendung bestimmter Termini, Bilder und Inhalte, die sowohl von kulturwissenschaftlichen Werken, als auch von Produkten der Populärkultur als religiös oder spirituell eingeordnet werden.[104] Wie aber verläuft ein Branding konkret? Welche Regeln liegen dem modernen Marketing zu Grunde und wie werden sie umgesetzt? *„Selling Spirituality"* ist eines der Werke, die unter den Prämissen der kulturwissenschaftlichen Erforschung von Religion auch die praktischen Vorgehensweisen im Marketing erwähnen. Als Grundlage dieser Untersuchung wählen Carrette und King John Grants Arbeit *„The New Marketing Manifesto. The 12 Rules for Building Successful Brands in the 21st Century".* Seine Ausarbeitung hat zwar keine Allgemeingültigkeit im Feld um das Moderne Marketing, liefert aber Richtlinien zur Untersuchung von Marken. Grant macht auf Aspekte wie testamoniales Marketing und Authentizität aufmerksam und räumt ihnen einen hohen Stellenwert im Brandmanagement großer Marken ein.[105]

4.1 Rules of Building Successful Brands

Modernes Marketing folgt bestimmten Regeln, die zur Kundenbindung genutzt werden. Um theoretische Überlegungen zum Zusammenhang von Marketing und Religion anstellen zu können, dienen Grants Regeln als Folie zum Abgleich verschiedener Vorgehensweisen. Für John Grant steht ein kreatives, flexibles Marketing im Mittelpunkt seiner 12 Regeln. Er spricht sich in seinem Buch für Kundennähe, die Kreation von Lebensgefühlen und ein weniger starres Marketing aus.

---

[104] Vgl. Koch, Anne (2014): Religionsökonomie. Eine Einführung. Stuttgart.
[105] Vgl Grant, John (1999): The New Marketing Manifesto. The 12 Rules for Building Successful Brands in the 21st Century. London.

Die vier Eckpfeiler für die Entwicklung des New Marketing sind *New Britain* (London ist kreatives und kulturelles Zentrum, auch: *Cool Britannia*), *Generation X* (schnelllebig, Verlust von Tradition und Werten), *Competing for the Future* (dynamisch anstatt an Stabilität und Normen orientiert) und der *Culturequake* (entscheidende kulturelle Umwälzungen). Bereits in dieser kurzen Kategorisierung Grants ist zu erkennen, dass auch in der Theorie um Modernes Marketing, die wichtigsten kulturellen Veränderungen des 20. Jahrhunderts Beachtung finden und zum Orientierungswert für modernes Branding werden.

Grant geht davon aus, dass die Gesellschaft sich von "traditional" (Traditionen, Normen) über "outerdirected" (Image, status-orientiert) zu "inner-directed" (Selbstverwirklichung, Suche nach neuen Werten) entwickelt. Entsprechend dazu durchlaufen Marken folgende drei Phasen: 1. "Trademark": Stabilität, Qualität, gleichbleibende Präsenz; 2. "Age of Aspiration": Marke symbolisiert Status, nutzt Ideale und Vorbilder; 3. "Age of Branding": Marken als Lebensgefühl und Ersatztraditionen.[106] Einige der erwähnten 12 Regeln beschreiben die Entwicklung von Marken, die als Ersatztraditionen wirken sollen. Sie erläutern die Nachhaltigkeit von Brands, die einem Mythos folgen und von einer bestimmten Person oder Leitfigur verkörpert werden. Für eine Spätere Betrachtung des Marketings der Megachurches und des Brands Apple Macintosh, folgt eine Auflistung der von John Grant aufgestellten Grundsätze. Hierbei stehen die Regeln im Mittelpunkt, die sich mit den Interessengemeinschaften auseinandersetzen. Wird eine Interessengemeinschaft identifiziert, können Identitäten und Mythen erdacht werden, in die sich die Konsumenten hüllen können.

---

[106] Grant, John (1999): The New Marketing Manifesto. The 12 Rules for Building Successful Brands in the 21st Century. London: 10,11.

36

1 *Get Up Close and Personal*

Das Schaffen von Verbindungen steht im Mittelpunkt dieser Regel. John Grant spricht sich für den Abbau der Schranken zwischen Konsumenten/Konsumentinnen und den Unternehmen aus. Der Kunde soll das Unternehmen kennenlernen und Einblick in die Produktionsprozesse erlangen. Hierfür können soziale Medien ein vielversprechendes Tool sein.[107]

2 *Tap Basic Human Needs*

Für ein erfolgreiches Marketing sind die Bedürfnisse der Kunden/Kundinnen gleichberechtigt. Unabhängig von sozialem Status gibt es 15 Bedürfnisse, die zu berücksichtigen sind (z.b. Hunger, Sex, Prestige, Power etc.). Verschiedene Marken können das gleiche Bedürfnis ansprechen, benötigen jedoch ihren speziellen/eignen Ausdruck für diese, um sich von anderen Brands abzugrenzen. So müssen verschiedene Smartphones, die technisch nahezu identisch sind, trotzdem ein Alleinstellungsmerkmal besitzen.[108]

3 *Author Innovation*

Die *Autor Innovation* bedeutet konstante Präsenz der Marke über wechselnde Ideen. Die Marke selbst wird zum Autor, sie erfindet sich neu und folgt nicht ständig denselben Motiven. Der Slogan muss also nicht über Jahre der gleiche bleiben, sondern darf sich durchaus ändern. Grant spricht in diesem Zusammenhang vom *Rebranding*.[109]

4 *Mythologize the New*

Mythen sind fiktionale Darstellungen, die eine Beziehung zu natürlichen oder historischen Phänomenen haben. Sie sind Geschichten, die Marken als die neuen Traditionen mit sich führen. Der Kunde soll Denken durch das Kaufen von Ideen ersetzen. Er eignet sich fremde *Images* an, die ihm eine Orientierung im Chaos der Bedürfnisse geben. Moderne Marken sollen eine Identität anbieten, in deren Mythen der Konsument sich hüllen kann.[110]

5 *Create Tangible Differences in the Experience*

Unterschiede müssen mit den eigenen Sinnen erfahren werden. Marken sollen gefühlt, gesehen und gerochen werden können, um den Kunden zu überzeugen. Menschen vertrauen mehr und mehr auf die Sinne statt auf Fakten (Sensorama Culture). Das Brand überzeugt mit spürbaren Unterschieden, die durch Geschichten sichtbar gemacht werden.[111]

6 *Cultivate Authenticity*

In der Gegenwart ist es Aufgabe des Marketings, Orientierung zu geben. Althergebrachte Bräuche sind weniger wichtig. Durch Dritte (Fernsehen, Internet, andere Konsumenten) werden das Produkt und seine Werte vermittelt. So kann Authentizität und Glaubwürdigkeit generiert werden.[112]

---

[107] Grant, John (1999): The New Marketing Manifesto. The 12 Rules for Building Successful Brands in the 21st Century. London: 21.
[108] Ebd. 31.
[109] Ebd. 51.
[110] Ebd. 64.
[111] Ebd. 83.
[112] Ebd. 98.

Diese Regel beschreibt ein indirektes Marketing. Die Marke soll mittels Ideen in einen allgemeinen Gesprächsumlauf gebracht werden. Menschen vertrauen mehr auf Ideen, Argumente und Empfehlungen, welche von ihren Freunden und Verwandten kommuniziert werden. Es soll der Eindruck entstehen, dass der Kunde sich durch die Kommunikation mit anderen selbst überzeugt hat.[113]

8   *Open Up to Participation*

„Let customers participate as co-creators of the brand". Die Eigenverantwortung der Konsumenten wird durch eine Mitbestimmung gefördert. Je mehr der Kunde am Produkt teilhaben kann, desto mehr identifiziert sie sich damit. Das Marketing muss sich vom *„full service shop"* zu einem *„self-service shop"* entwickeln.[114]

9   *Build Communities of Interest*

Ein erfolgreiches Brand muss Zielgruppen formen, die sich aktiv und bewusst um eine Marke sammeln. Der Zusammenhalt stiftet Identität und fördert aktive Konsumenten. Dies kann durch Werbung generiert werden, die zum Beispiel einen sozialen Druck aufbaut. Will der Kunde zu einer bestimmten sozialen Schicht gehören, kann er sich mit einem bestimmten Produkt, dort selbst positionieren.[115]

10   *Use Strategic Creativity*

Diese Regel fokussiert die Frage, um welche Art von Werbung sich das Branding drehen soll. Was wird beworben? Wie wird es beworben und wie setzt man es am besten um?[116]

11   *Stake a Claim of Fame*

Grant betrachtet die Berühmtheit eines Labels bzw. eines Brands als ausschlaggebend für ihren Erfolg. Ein erfolgreiches Branding soll Anerkennung und Bewusstsein für eine Marke generieren. Immer wieder soll das Produkt durch gezieltes Marketing in den Mittelpunkt der Öffentlichkeit gerückt werden. Dies kann durch eine Person oder Figur, welche aufsehenerregende Dinge tut oder sagt am effektivsten bewerkstelligt werden.[117]

12   *Follow a Vision and Be True to Your Values*

Hierbei handelt es sich um die Zusammenfassung der genannten Regeln. Erfolg kann nur durch das Einhalten eines ganzheitlichen Konzepts gewährleistet werden. Die Verbindung von Interessengruppen und die Möglichkeit des Teilhabens, spielen bei vielen Produkten eine entscheidende Rolle.[118]

---

[113] Grant, John (1999): The New Marketing Manifesto The 12 Rules für Building Successful Brands in the 21st Century London: 110.
[114] Ebd. 122.
[115] Ebd. 135.
[116] Ebd. 148.
[117] Ebd. 158.
[118] Ebd. 169.

4.2 Verhandlung im diskursiven Feld

Grants Regeln tauchen im Diskursiven Feld um Religion, Marketing und Branding immer wieder auf. Sie werden direkt zitiert (siehe Carrette und King) oder als Vorgehensweisen beschrieben und diskutiert. Mythos und Authentizität stehen im Fokus einiger Marketingkonzepte, die weltweit erfolgreich geworden sind. Dem ist hinzuzufügen, dass Marketing und Branding nicht als gleichwertige Begriffe zu verstehen sind. Marketing ist Teil des Branding und beschreibt die Maßnahmen, mit deren Hilfe Medienkanäle bespielt werden. Branding hingegen bezeichnet das gesamte Konzept um das Produkt herum. Mit Branding wird als die Dynamik um das Produkt beschrieben.[119] Unabhängig vom handelnden Unternehmen (ob religiös oder säkular) ist die Motivationsgrundlage die Verbreitung des Brands, um mehr Umsatz oder Kunden zu generieren. Die folgenden Autoren diskutieren Religion und Branding in direktem Zusammenhang mit Fallbeispielen und einer von ihnen aufgestellten Kategorisierung. Sie dienen als Beispiele der Verhandlung von Religion und Marketing und sollen einen Teil des diskursiven Feldes abbilden. Die Kategorienbildung in diesen Werken ist häufig nicht mit der kulturwissenschaftlichen Ausrichtung von Religionswissenschaft deckungsgleich. So wird zum Beispiel davon ausgegangen, dass sich säkulare und religiöse Lebensbereiche trennen lassen. Die Vorgehensweisen reichen hier von analytischer und distanzierter Betrachtung bis hin zu undifferenzierten Zuschreibungen.

Mara Einstein zum Beispiel beschreibt in ihrer Arbeit den Verkauf von Religionen am Beispiel evangelikaler Vereinigungen innerhalb der USA. Sie bieten sowohl durch ihre modernen Bindungsstrategien als auch ihren auf die Konsumenten ausgerichteten Aufbau Ansatzpunkte für eine Analyse, welche sich auf die Markeneigenschaften und das Brandmanagement innerhalb einer Religiösen Institution konzentriert. Einstein sieht Religion als ein Produkt, welches sich nicht von anderen Produkten auf dem *Consumer Marketplace* unterscheidet. Dies erklärt sie am Beispiel des Films *„Passion Christi"*, welcher ein vorher klar definiertes Publikum hatte, das durch das Thema des Blockbusters bestimmt wurde. Jedoch wurde ein weitaus größerer Interessentenkreis durch die Vermarktung und Diskussion in den Medien angesprochen. Dieser Gruppe ging es nicht darum, einen religiösen Film zu sehen, sondern einen, der eine Kontroverse ausgelöst

---

[119] Vgl. Grant, John (1999): The New Marketing Manifesto. The 12 Rules for Building Successful Brands in the 21st Century. London

hatte. Einstein führt die Aussagen der Produzenten und die Art der Werbung darauf zurück, dass es das Ziel der Macher war, Religion als Produkt zu *promoten*[120]. Laut Einstein ist religiöse Praxis weitgehend privatisiert und findet selten in der Öffentlichkeit statt[121]. Dem entgegen steht jedoch die Verhandlung von religiösen Motiven und Thematiken, welche in der Öffentlichkeit präsentiert, beworben und diskutiert werden. Sie skizziert einen Markt, der von religiösen Inhalten und Produkten überschwemmt wird[122].

> *Television has become overrun with religious content with no fewer than eight channels presenting sermons and faith-based programming 24 hours a day, not to mention content in broadcast prime time and as regular content for nightly newsmagazines.*[123]

4.2.1 Die modernen Konsumenten/Konsumentinnen

Mara Einstein beschreibt in ihrem Werk *„Brands of Faith: Marketing religion in a commercial age"* eine starke Veränderung im Konsumverhalten der Amerikaner, das sich im Laufe der sechziger Jahre des 20. Jahrhunderts entwickelte. Kaufentscheidungen wurden von immer jüngeren Konsumenten/Konsumentinnen getroffen und das Fernsehen avancierte zu der entscheidenden Plattform für Produktmarketing[124]. Geld war etwas, das man ausgeben konnte, um den eigenen Lebensstandard zu verbessern. Der technische Aufschwung, den der 2. Weltkrieg mit sich gebracht hatte, führte zu einem Lebenswandel, der bedeutend kurzweiliger und mehr auf das Konsumieren ausgerichtet war. Einstein spricht vom *Modern Day Consumer.* Amerikaner, die direkt nach dem 2. Weltkrieg geboren wurden (Baby Boomer, Generation X, Gerneration Y) wuchsen in einer Zeit des Wohlstands auf. Ein Unterschied zur Vorkriegsgeneration war, dass Kinder bereits sehr früh gefragt wurden, was sie begehrten und wollten. Sie charakterisiert die Nachkriegsgenerationen als Individuen, die man seit ihrer Geburt als solche erzogen hatte[125].

---

[120] Einstein, Mara (2008): Brands of Faith. Marketing Religion in a Commercial Age. London: 4. The Passion of the Christ showed in the most blatant of ways that religion is a product, no different from any other commodity sold in the consumer marketplace. The Passion started with a defined target audience, created secondary targets through promotion and publicity, and perpetuated the product´s relevance through creating ancillary business. And while initially the objective was to sell a film, we can see from the sustaining campaigns made by the director that the ultimate objective was to promote religion itself.

[121] Hier sei angemerkt, dass Mara Einstein in erster Linie von der religiösen Praxis in den USA spricht.

[122] Hier unterscheidet Mara Einstein noch keine zwei Märkte (religiös und säkular).

[123] Ebd. 4.

[124] Ebd. 9.

[125] Twitchell, B. James (2004): Branded Nation. The Marketing of Megachurch, College Inc., and Museumworld. New York: 5.

40

Auch Usunier und Stolz beschreiben in ihrem Sammelwerk *„Religions as Brands: New Perspectives on the Marketization of Religion and Spirituality"* grundlegende Veränderung im Konsum von Religion Mitte des 20. Jahrhunderts. Sie erwähnen den sozialen Druck, der durch gesellschaftliche Verhältnisse auf Individuen ausgeübt wurde. Damit erwähnen sie einen Bestandteil der Religionsökologie, den Anne Koch unter Berufung auf Bourdieu in ihrer Arbeit zum Thema macht. Sozialer Druck kann das Wahlverhalten beeinflussen.[126] Noch weit bis in die zweite Hälfte des letzten Jahrhunderts war eine Zuordnung zu großen religiösen Organisationen dadurch Teil der sozialen Identität vieler Akteure.[127] Doch durch die industrielle Revolution und das stetige Wachstum der Mittelschicht änderten sich die Wertesysteme und wurden mehr und mehr von kapitalistischen Prämissen und Wünschen bestimmt. Hinzu kam das höhere Pro-Kopf-Einkommen der Mittelschicht, was die individuelle Handlungsmacht ständig vergrößerte. Durch die neugewonnene finanzielle Sicherheit war ein Grundbedürfnis gedeckt, das laut Usunier und Stolz vorher von traditionellen religiösen Strömungen befriedigt wurde. Dies führte zur Möglichkeit der Neuorientierung in Bezug auf die eigene Religion und Selbstverortung. Auch die höhere Mobilität trug zu einem Hinterfragen der eigenen Kultur bei und unterstützte die Entwicklung einer kulturellen Vielfalt.[128] Spezialisierte religiöse Produkte haben zu einer Erweiterung des Marktes genauso beigetragen, wie auch Produkte, die mit Spiritualität und Heilsversprechen versehen wurden. Sie stehen für einen Teil der *Consumer Religion*, in der Religiosität keinen festen Ankerpunkten mehr zugeordnet ist.[129] Die Frage, welche Motivation religiöse Organisationen zur Transformation bewegte, bleibt jedoch bestehen. Usunier und Stolz liefern diesbezüglich einen Erklärungsversuch:

Konsumenten erwarten eine hohe Qualität und Professionalität in Bezug auf religiöse Inhalte wie Messen, Musik und Prediger. Auch die Örtlichkeiten dürfen den Annehmlichkeiten anderer Orte des sozialen Lebens in nichts nachstehen. Vom Campus einer religiösen Einrichtung wird erwartet, dass genügend Parkmöglichkeiten vorhanden sind und auch Einkaufsmöglichkeiten oder Restaurants in unmittelbarer Nähe zur Verfügung stehen. Das Gesamterlebnis muss sowohl „convenient" als auch unterhaltsam sein. Religiöse Organisationen, wie evangelikale Großkirchen kopieren in vielerlei

---

[126] Siehe Seite 12-13 dieses Buches
[127] Usunier und Stolz generalisieren in ihrer Aufzählung der Umstände, welche zur Veränderung von Religion geführt haben und nennen diesbezüglich keine konkreten Beispiele.
[128] Usunier, Jean-Claude und Jörg Stolz (2014): Religion as Brands, New Perspectives on the Marketization of Religion and Spirituality. Surrey: 3.
[129] Ebd. 5.

Hinsicht erfolgreiche Formate mit weitgehend säkularem[130] Hintergrund. Mara Einstein schreibt dazu: *"Consumer have a highend expectation of being entertaint which is usually met with music and dramatic presentations."*[131] Predigten werden mit Musik untermalt und von digitalen Präsentationen begleitet. Auch eigene Musikproduktionen und professionelle Musiker gehören zum festen Bestandteil einiger Megachurches. Diese Organisationen sind bedürfnisorientiert und scheinen es den Akteuren so bequem wie möglich machen zu wollen, in die Messen zu kommen. Innerhalb dieser Struktur ist es dennoch notwendig, dem Akteur stets zu suggerieren, dass er oder sie frei wählen kann und zu keiner Handlung gezwungen wird. Dabei ist das spätere vielleicht als restriktiv wahrgenommene Umfeld der Organisation noch nicht zu offenbaren.[132] Usunier und Stolz argumentieren, dass die Möglichkeit, frei zu wählen, ein größeres Angebot an religiösen Produkten zur Folge hatte. Es waren sowohl Bedürfnisse vorhanden, als auch die Möglichkeit diese zu stillen, da es keine restriktiven Marktregularien zu beachten galt.

Eine weitere bestimmende Veränderung des Marktes fand in den neunziger Jahren statt, als das Internet die Möglichkeiten des Brandmarketings entscheidend erweiterte[133]. Eine Verschiebung des Lebensrhythmus in Richtung der digitalen Medien hatte einen nachhaltigen Einfluss auf das Kaufverhalten. Lebensweise und Einstellung richteten sich mehr und mehr nach den *Fearful Messages* des Marketings. Diese suggerieren mit bestimmten Aussagen, dass die Konsumenten/Konsumentinnen nicht perfekt sind. Sie sind zu dick, nicht fit genug, nicht genügend vernetzt und nutzen veraltete Technik[134].

4.2.2 Branding als Erfolgsmodell im religiösen Marketing

Wie bereits erwähnt, skizziert Einstein einen Umbruch im religiösen Marketing zu Beginn des 20. Jahrhunderts. Die industrielle Revolution machte die massenhafte Produktion von Gütern möglich. Um diese zu verkaufen, bedurfte es einer neuen Art von Marketing, welches auf eine Gesellschaft zugeschnitten war, in der sich Menschen immer mehr als

---

[130] Usunier und Stolz thematisieren immer wieder Säkularität und beschreiben sie als Gegenfolie zu einer ausgeprägten Religionszugehörigkeit, welche sie in die erste Hälfte des 20. Jahrhunderts datieren. Unternehmen, die sie als nicht dezidiert religiös verstehen, bezeichnen sie als säkular.

[131] Einstein, Mara (2008). Brands of Faith. Marketing Religion in a Commercial Age. London: 8.

[132] „Restriktiv" beschreibt hier Inhalte, die sich auf Lebenswirklichkeiten der Akteure beziehen, welche innerhalb der religiösen Organisationen verhandelt und mit Verhaltensregeln belegt werden. Erwähnt wird dieser Umstand, weil er als Verkaufsargument diskutiert werden kann.

[133] Einstein, Mara (2008): Brands of Faith. Marketing Religion in a Commercial Age. London: 33.

[134] Ebd. 13.

Individuen wahrnahmen[135]. Produkte wurden mit Identitäten versehen, um für Kunden und Kundinnen attraktiv zu wirken. Die Kaufentscheidung sollte nicht mehr allein aufgrund des Nutzens des Produktes getroffen werden, sondern aufgrund der Geschichte, des Gefühls und der Verbesserung des eigenen Lebensstandards, welche durch das Marketing propagiert wurden.

So richteten sich auch religiöse Organisationen nach den neusten technischen Entwicklungen und nutzten das Radio und später das Fernsehen. Die religiösen Marken, die durch diesen Prozess entstanden, nennt Mara Einstein *Faith Brands*[136]. Twitchell spricht in diesem Zusammenhang von *Selling Belief*[137].

Beispiele für solche Marken sind Megachurches, die in der Mitte des 20. Jahrhunderts durch ein gezieltes Marketing an Mitgliedern gewannen und großen öffentlichen Einfluss erlangten. Hier wurde bereits eine Voraussetzung für erfolgreiches Branding erfüllt, die John Grant später als „*Stake a Claim of Fame*"[138] beschreiben würde: Ein Teleevangelist wird zum Mittelpunkt einer religiösen Organisation. Er ist zu sehen und zu hören. Er verkörpert die Kirche bzw. die Marke. Seine Aussagen gelten stellvertretend für die politische und religiöse Richtung der Organisation. Ein in den USA berühmtes Beispiel für einen solchen Teleevangelisten ist Billy Graham, welcher seine Karriere als Pastor der First Baptist Church in Western Springs, Illinois, begann und sich durch das Radio und Fernsehen zu einem der einflussreichsten Teleevangelisten entwickelte[139]. Religiöse Organisationen begannen, sich als Marken zu verstehen und Werbung für ihre Vertreter zu machen. Dennoch folgten die Gottesdienste und Zusammenkünfte weiterhin einer traditionellen Struktur. Die dem Protestantismus zugehörigen Kirchen wurden als Institutionen verstanden, welche sich zwar in ihren Lehren vom Katholizismus unterschieden, strukturell jedoch immer noch ähnlich waren. Einstein stellt fest, dass der Druck auf die *Faith Brands* seit den Neunzigern immer stärker zunimmt. In diesem Zusammenhang verwirft sie die Säkularisierungsthese nicht, sondern beschreibt eine wechselseitige Dynamik:

---

[135] Einstein, Mara (2008): Brands of Faith. Marketing Religion in a Commercial Age. London: 67.
[136] Ebd. 74.
[137] Twitchell, B. James (2004): Branded Nation. The Marketing of Megachurch, College Inc., and Museumworld. New York: 48.
[138] Grant, John (1999): The New Marketing Manifesto. The 12 Rules for Building Successful Brands in the 21st Century. London und New York: 158.
[139] King, Randall E. (1997): When worlds collide. Politics, religion, and media at the 1970 East Tennessee Billy Graham crusade. Journal of Church & State: 273.

Secularization describes both the declining relevance of religion in society as well as how religion itself becomes more secular. [...] secularization is not a one way street. Rather, secularization is a mutual process – the sacred becoming more secular and the secular becoming more sacred. Current day music is played in church for example, but at the same time religious lyrics appear in popular rock music.[140]

Die Säkularisierung führte zu einem Synkretismus von religiösen Inhalten und Motiven und Inhalten der Populärkultur. Für Einstein beschreibt die Kategorie der Säkularisierung die Abwendung von religiösen Organisationen und nicht das Verneinen religiöser Inhalte. Viele Kirchengemeinden und evangelikale Organisationen hielten dem Druck nicht stand und hatten (und haben) schwindende Mitgliederzahlen. Andere passten sich der Veränderung an und nutzten aktuelle Marketingstrategien, um attraktiv und aktuell zu bleiben. Es musste eine Umgebung geschaffen werden, welche auf die individuellen Bedürfnisse der Konsumenten/Konsumentinnen zugeschnitten war.

4.2.3 Feste Grenzen und starre Kategorien?

Zwar erkennt Einstein, dass der Wettbewerb um die *Faith Brands* auf der gleichen Ebene wie derjenige um säkulare Produkte ausgetragen wird und stellt ihn als kompetitiv dar. Dennoch unterscheidet sie zwei Märkte: den religiösen und den säkularen. Ein Produkt, welches auf dem religiösen Markt erfolgreich ist, ist es auf dem säkularen nicht zwangsläufig. Unter Produkt versteht sie sowohl die Religion als auch materielle Dinge wie Bücher und DVDs[141]. Für Einstein sind die Märkte voneinander abhängig und unterliegen Wechselwirkungen, doch bestehen sie getrennt[142]. Usunier und Stolz erarbeiten in diesem Zusammenhang eine tabellarische Kategorisierung von Produkten bzw. Gruppen, die als mehr oder weniger religiös oder spirituell bezeichnet werden.[143]

---

[140] Einstein, Mara (2008): Brands of Faith. Marketing Religion in a Commercial Age. London: 17.
[141] Ebd. 37
[142] Ebd. 58.
[143] Usunier, Jean-Claude und Jörg Stolz (2014): Religion as Brands, New Perspectives on the Marketization of Religion and Spirituality. Surrey: 12

		Degree of "likeness" to transcendent religions/spiritualities			
		none	low	medium	high
Formal Organization	high	Zero-Religions • Police • School • Construction company	Secular Religions • Nazism • Marxism • Psychotherapy	Hybrid Religions • Scientology • Transcendent Meditation • Alcoholics Anonymous • Synanon	Religions • Islam • Christianity • Judaism • Buddhism • Christian Science • Raelianism
	low	Zero-Spiritualities • Shopping • Television • Cleaning	Secular Spiritualities • Brand fandom • Identity shopping • Pop fandom • Soccer fandom • Extreme sports • Wellness • Conspiracy theories • Positive thinking • Intensive pub culture • Sports yoga	Hybrid Spiritualities • Extreme brand fandom • Dianetics • Sacred sex • Rave culture • Mindfulness • Alien research groups • Star Wars religion • Astrology • Reiki • Hybrid yoga	Spiritualities • New Age • Esotericism • Channelling • Spiritual yoga

Abb. 2: Usunier, Jean-Claude und Jörg Stolz (2014): Religion as Brands, New Perspectives on the Marketization of Religion and Spirituality. Surrey: 12

Zwar erklären sie, dass diese Kategorien nur einer groben Einordnung dienen, führen aber diese statische Tabelle ein, die keinen Spielraum für Überschneidungen lässt. Die Tabelle zeigt, dass Marketingspezialisten wie Jean-Claude Usunier oftmals mit festen Kategorien zu arbeiten scheinen, die aus kulturwissenschaftlicher Perspektive fast schon plump wirken. Doch liefert diese Vorgehensweise einen Hinweis, auf die Arbeitsweise des modernen Marketings. Zielgruppen müssen unterteilt und kategorisiert werden, um ein erfolgreiches Brandmanagement auf Makro-Ebene zu gewährleisten. So zeigen auch die anderen bisher genannten Regeln feste Kategorien. Wenn John Grant davon ausgeht, dass es eine *Sensorama Culture* gibt und moderne Kunden generell mehr nach Gefühl entscheiden, als rationale Entscheidungen zu treffen, generalisiert er.[144] Die späteren Fallbeispiele werden zeigen, dass Produkte mit einem Branding versehen werden, dass bestimmte vorher abgesteckte Gruppen ansprechen soll. Hierzu erscheint eine Kategorisierung auf Makro- Ebene notwendig.

---

[144] G Grant, John (1999): The New Marketing Manifesto. The 12 Rules for Building Successful Brands in the 21st Century. London und New York.

5 Fallbeispiele

Die Folgenden Fallbeispiele zeigen Branding und Marketing im Zusammenhang mit Religion, Spiritualität und der Rezeption dieser Kategorien. Mega Churches sind Teil religiöser Organisationen, die Branding in direkter Verbindung mit Religion und religiöser Praxis betreiben. Das Beispiel um die Körpertechnik Yoga zeigt, wie sich aus einem Kulturgut, das in Teilen der Alltagspraxis von religiösen Gruppen zugerechnet wird, ein scheinbar säkulares Produkt entwickelte, das sogar als Verkaufsargument für Elektronik funktioniert. Die Marke Apple Macintosh nutzt, nach Aussage von Akteuren religionsanaloge Dynamiken im eigenen Marketing, um ihre Produkte mit Heilsversprechen aufzuladen und eine stärkere Kundenbindung zu erreichen. Im Folgenden sollen diese Vorgänge beleuchtet und in einen Zusammenhang mit *Religious Branding* gebracht werden.

5.1 Strategien der Mega Churches

Parallel zu einer industriellen Veränderung, findet im 20. Jahrhundert auch eine Veränderung in der Mitgliedergewinnung, der Megachurches statt. Stephen Warner stellte im Hinblick auf diese Veränderung die *Supply Side Religion Theory* auf[145]. Diese Theorie stellt das Konsumverhalten in Bezug auf Religion auf die gleiche Ebene wie das Kaufen und Begehren von säkularen Produkten. So wie sich die Nachfrage entwickelt, entwickelt sich auch das Angebot von Religion. Diese Theorie bietet einen eher einseitigen Blickwinkel auf die Thematik. Wie John Grant zeigt, ist es nicht zwingend notwendig auf ein Bedürfnis zu reagieren. Gezieltes Marketing und Branding sind in der Lage Bedürfnisse zu generieren.[146] Wird ein Produkt entwickelt, das es vorher in dieser Art noch nicht gab, muss es mit einem passenden Narrativ verknüpft werden, um ein Begehren der Konsumenten auszulösen. Coca Cola war beispielsweise ein solches Produkt. Vergleichbares gab es vorher nicht. Das Branding verknüpfte das Produkt mit Exklusivität und Extravaganz, Adjektive nach denen sich die Konsumenten offenbar sehnten[147]. So ist

---

[145] Warner, R.S. (1993): A Work in Progress toward a new paradigm for the sociological study of religion in the United States. American Journal of Sociology: 18.19.21.
[146] Grant, John (1999): The New Marketing Manifesto. The 12 Rules for Building Successful Brands in the 21st Century. London und New York: 265.
[147] Ebd. 118.

es problematisch davon auszugehen, dass die Entwicklung der Megachurches und ihres Marketings ausschließlich auf Bedürfnisse zurückzuführen sind.

In the beginning of Christianity was the Word, and, as I'm sure you guessed, the Word was the Brand.[148]

James B. Twitchell Professor für Englisch an der Universität von North Carolina beschreibt Marketing als etwas, das im Christentum schon von Beginn an genutzt wird. Das Produkt, welches das Christentum verkauft, ist die sichere Passage in die nächste Welt, in das Leben nach dem Tod. Twitchell sieht das hauptsächliche Verkaufsargument von vielen Religionen im, wie er es nennt, *Afterlife.*

Vom Gesichtspunkt des Marketings aus betrachtet, stehen Weltreligionen für Mutterkonzerne, welche eine Vielzahl von Brands unter sich vereinen. So könnte man Denominationen und Kirchen als unabhängige Firmen sehen, die die Kategorie Religion zum Verkaufsargument ausarbeiten.[149] Eine erfolgreiche Gruppe innerhalb des Christentums ist die der Megachurches. Sie nutzen seit den neunziger Jahren aktiv modernes Marketing, um ihre Kunden zu binden. Mehrere Aspekte des New Marketings sind identifizierbar. Sowohl James B. Twitchell als auch Mara Einstein rücken die Megachurches in den Mittelpunkt, wenn es darum geht *Religious Marketing* zu *framen.* Diese großen Organisationen bieten sich als Folie für eine Untersuchung im Hinblick auf religionsanaloge Dynamiken an, da sie modernen Regeln des Marketings folgen. In ihren Ausführungen beschreiben die beiden Personen, die in das Zentrum eines Brands gerückt werden, um höhere Verkaufs- und Mitgliederzahlen zu generieren. Der *Christian Market[150]*, wie Mara Einstein ihn nennt, wird durch den *Fame*, die Berühmtheit der Marken, gesteuert. Dies geschieht nach ihrer Aussage nach dem gleichen Muster, welches auf dem säkularen Markt genutzt wird[151]. An Büchern und DVDs, welche einen Großteil der Produkte ausmachen, die von evangelikalen Organisationen in den USA vertrieben werden, lässt sich eine Regel des *New Marketing* ausmachen. Eine Figur bzw. Person steht im Mittelpunkt der Werbung um die Bücher. Die Literatur wird einem Brand angegliedert.

---

[148] Twitchell, B. James (2004): Branded Nation. The Marketing of Megachurch, College Inc., and Museumworld. New York: 47.
[149] Ebd. 49.
[150] *Christian Market*: Für Mara Einstein gleichbedeutend mit dem *Religious Market*. Sie nimmt hier keine Unterscheidung vor. Diese scheint in ihren Ausführungen auch nicht notwendig, da sie sich ausschließlich auf christliche Organisationen, Produkte und Inhalte bezieht.
[151] Einstein, Mara (2008): Brands of Faith. Marketing Religion in a Commercial Age. London: 57.

Die elfte Regel von John Grant[152] ist die, welche einen zentralen Inhalt der *Faith Brands* ausmacht. Einstein beschreibt den Verkauf von Büchern und DVDs innerhalb eines christlichen Marktes in Verbindung mit der Berühmtheit des Autors. Der Ursprung der Berühmtheit dieser Autoren liegt in ihren Positionen. Sie sind die Leitfiguren der großen Mega Churches in den USA.

Joel Oesteen, T.D Jakes und Joyce Meyer gelten als drei der erfolgreichsten Teleevangelisten der USA. Sie stehen ihren jeweiligen Megachurches vor und sind Bestandteil der Brands. Der Aufbau einiger Megachurches, wie jener der Lakewood Church oder der First Baptist Church in Texas, ähneln einem großen Universitätscampus. Sie bieten Platz für mehrere tausend Mitglieder und stellen ein breites Angebot an Aktivitäten für ganze Familien. Um die Verbindung zwischen der Organisation und ihren Mitgliedern zu stärken, können diese an der Gestaltung und Umsetzung der Inhalte teilnehmen. Auf den Geländen der Kirchen finden die Mitglieder Restaurants, Coffeeshops und weitere Einrichtungen, welche ihre Bedürfnisse befriedigen.[153] So erfüllen diese Institutionen bereits durch ihre Grundstrukturen die Voraussetzungen erfolgreicher Brands im 21. Jahrhundert.[154] Sie bieten die Befriedigung sozialer Bedürfnisse, und machen das Brand für die Nutzer greifbar. Sie generieren Authentizität sowohl durch die Pastoren und Predigten als auch durch die *Communities of Interest*, welche die Inhalte des Brands nach außen tragen. Die Konsumenten können sich vor Ort vom Brand und seinem Nutzen überzeugen. Ebenfalls zentral sind Narrative innerhalb der Organisationen. Diese werden häufig mit Heilsversprechen verknüpft, welche an Glaubensinhalte gebunden sind. So beschreibt Mara Einstein den Mythos bzw. das Narrativ um die Familie von Joel Osteen, mit dem sich die Mitglieder der Megachurch identifizieren können.

The overriding message of the Joel Osteen brand is one of happiness, success, and prosperity. This almost overbearingly positive message is presented in all communications related to Joel.[155]

Marketing ist fester Bestandteil der Praxis von christlichen Großorganisationen in den USA. Ziel dieses Marketings ist es, das Brand mit Bedeutung aufzuladen und es zu verbreiten. Branding ist laut Mara Einstein dafür verantwortlich, Lücken zu schließen, die

---

[152] Rule 11: Stake a Claim of Fame
[153] Twitchell, B. James (2004): Branded Nation. The Marketing of Megachurch, College Inc., and Museumworld. New York: 80.81.82.
[154] 2. Tap Basic Human Needs, 6. Cultivate Authenticity, 8. Open up to Participation, 9. Build Communities of Interest
[155] Einstein, Mara (2008): Brands of Faith. Marketing Religion in a Commercial Age. London: 124.

soziale Organisationen und Verbindungen hinterlassen haben, die im Laufe des 20. Jahrhunderts an Bedeutung verloren.[156] Ein Beispiel für eine kundenorientierte Megachurch der USA ist die Willow Creek Church, die mit ihren Strategien genau auf diese sozialen Lücken abzielt. James B. Twitchell nennt sie eine Mega-Megachurch.[157] Sie ist mit durchschnittlich 24000 Gottesdienstbesuchern eine der größten Kirchengemeinden der USA und eröffnete in den letzten 20 Jahren sechs weitere Kirchen um Chicago herum.[158] Die Merkmale der Megachurch entsprechen für Twitchell in keiner Weise der einer, wie er es nennt, traditionellen Kirche. Der Komplex in South Barringhton bietet 3100 Parkplätze für die ständigen Besucher. Vom riesigen Parkplatz fahren Busse, die die Besucher der Gottesdienste zum Hauptgebäude bringen, wo ein Auditorium mit 4540 Sitzplätzen auf sie wartet.[159] Im Foyer werden die Gäste vor und nach den Veranstaltungen, über anstehende Aktivitäten informiert. Während der Gottesdienste wird modernste Technik eingesetzt um den Akteuren, ein angenehmes und unterhaltendes Erlebnis zu gewährleisten – ein Erlebnis, welches mitverantwortlich für den Erfolg der Megachurch ist.[160] Auch der *Fame*, welcher Laut John Grant und Mara Einstein für den Erfolg eines Brands so wichtig ist, wird in der Person von Bill Hybels erfüllt. Er ist der Gründer und aktive Prediger der Willow Creek Community Church.

Abb. 3: Willow Creek Gelände

---

[156] Einstein, Mara (2008): Brands of Faith. Marketing Religion in a Commercial Age. London: 86. The Goal of Marketing is to transform products into objects with meaning, not just for Gen Y, but for all consumers. This is particularly in evidence when we examine brand communities and brand cults. Marketing cultures fill in the void left by social structures that have abdicated their position in society. Just because people are not attending church doesn't mean they don't value community.
[157] Twitchell, B. James (2004): Branded Nation. The Marketing of Megachurch, College Inc., and Museumworld, New York: 91
[158] http://www.willowcreek.org/aboutwillow/one-church-multiple-locations (zugriff: 22.03.2016, 11:20 Uhr)
[159] Twitchell, B. James (2004): Branded Nation. The Marketing of Megachurch, College Inc., and Museumworld. New York: 94
[160] Bezug auf Usunier: Jean-Claude und Jörg Stolz (2014): Religion as Brands, New Perspectives on the Marketization of Religion and Spirituality. Surrey: In diesem Buch Seite: 44.45. Ein unterhaltsames Erlebnis, das sowohl angenehm als auch aufregend ist bindet die Akteure an ein Brand.

Welche Merkmale des modernen Brandings, wie es von John Grant, Mara Einstein oder Usunier und Stolz beschreiben sind nur erfüllt? Und lassen sich Alleinstellungsmerkmale, die rein religiös bedingt sind, herausarbeiten?

John Grant betrachtet die Berühmtheit eines Labels bzw. eines Brands als ausschlaggebend für seinen Erfolg. Ein erfolgreiches Branding soll Anerkennung und Bewusstsein für eine Marke generieren. Dies kann durch eine Person oder Figur, welche aufsehenerregende Dinge tut oder sagt am effektivsten bewerkstelligt werden.[161] Diese Dinge sagt und tut Billy Hybels als Gründer und Vorsteher der Willow Creek Church. Er ist eine der Personen, die das Brand verkörpern.[162] Die einfachen Wege und die Annehmlichkeiten, die die Willow Creek Church bietet, bilden ebenfalls einen wichtigen Bestandteil des Markenimages. Zentraler Punkt ist die gesamte Erfahrung, die Akteure machen, wenn sie an den Gottesdiensten und Aktivitäten der Megachurch teilnehmen. Sie soll ein Gefühl von Zugehörigkeit, sozialer Näher, Entertainment und guter Laune vermitteln, das Gefühl, dass die Freizeit nachhaltig und erfolgreich genutzt wurde. Dieses Gefühl ist selbst gewählt, die Erfahrung selbst bestimmt und mitgestaltet.[163]

Die Regeln des Brandmanagement, welche sich hiermit decken sind: *Get up Close and Personal* (der Akteur hat Teil am Brand und gewinnt einen Bezug.), *Mythologize the New* (das Brand wird mit religiöser Rhetorik aufgeladen, wie z.B. in Gottesdiensten.), *Open Up to Participation* (die Akteure können mit freiwilliger Arbeit zur Gestaltung des Brands beitragen und es verändern.), *Build Communities of Interest* (Gebetskreise, Gesprächskreise, Freizeitcamps usw. bilden Interessengruppen, mit eigener sozialer Dynamik.), sowie die bereits erwähnte Regel, *Stake a Claim of Fame*. Alleinstellungsmerkmale auf dieser Ebene lassen sich noch nicht erkennen. Twitchell wagt sogar den Versuch und stellt einen Vergleich mit einem Shopping Center oder einem Wal Mart an. Er bezeichnet die Gemeinde von Willow Creek als Massenprodukt der Amerikaner.[164] Was zeichnet das Produkt Megachurch und das Brand Willow Creek also aus? Nach eigenen Aussagen ist es

---

[161] Grant, John (1999): The New Marketing Manifesto. The 12 Rules for Building Successful Brands in the 21st Century. London und New York:58.
[162] Twitchell, B. James (2004): Branded Nation. The Marketing of Megachurch, College Inc , and Museumworld. New York: 98.
[163]Grant, John (1999): The New Marketing Manifesto. The 12 Rules for Building Successful Brands in the 21st Century. London und New York:
[164] Twitchell, B. James (2004): Branded Nation. The Marketing of Megachurch, College Inc., and Museumworld. New York: 91: Willow Greek is to American Religion what Home Depot is to fix it up, Mc Donald's to meat patties. It's the next thing in Protestantism – the low-cost discounter of epiphanic community.

50

eine christliche Gemeinde, die es sich zur Aufgabe gemacht hat nichtreligiöse Menschen zu Jüngern von Jesus Christus zu machen. Die zehn Kernaussagen, der Gemeinde sind sehr liberal und offen gehalten. [165] Zusammenfassend ist es also ein barrierefreier Zugang zum Produkt. Es gibt keinen alleinigen Wahrheitsanspruch und kein restriktives System, das nach außen hin sichtbar ist. Jeder kann am Produkt teilhaben und es konsumieren. Auch der ökonomische Faktor ist abgedeckt, der obligatorische *Donate Button* findet sich auf jeder von der Willow Creek Community unterhaltenen Internetseiten.[166] Die Willow Creek Church ist demnach ein religiöses Brand, dass mithilfe von Marketingstrategien, Werbespots und DVDs für die eigene Marke wirbt und sich auf einem freien Markt bewegt, auf dem auch andere Brands und Unternehmen Produkte anbieten, welche gleichwertige Bedürfnisse abdecken.

5.2 Yoga: Asiatische Körpertechnik und postmodernes Brand

Yoga ist inzwischen in fast jedem westlichen Fitnessstudio angelangt. Es wird als reine Körpertechnik, aber auch als Lebenseinstellung beworben und steht in Verbindung mit vielen Produkten der *Consumer Culture*.

Die Religionswissenschaftlerin Andrea R Jain beschreibt in ihrem Buch „*Selling Yoga. From Counterculture to Pop Culture*" die Entwicklung und den Konsum von Yoga. Die Körpertechnik stellt deswegen ein passendes Beispiel für eine brandbezogene Untersuchung dar, weil sie als Teil verschiedenster religiöser und kultureller Strömungen existierte, aber nie exklusiv Bestandteil einer einzigen Religion war. Yoga ist nicht Teil religiöser Traditionen sondern Teil der Materialität dieser. Es ist eine Technik, die bereits Ende der ersten Jahrtausends in Südasien von Hindus, Buddhisten und Muslimen angewendet wurde. Sufis zum Beispiel nahmen Yoga in ihre religiöse Praxis auf und machten es zum Bestandteil ihres religiös geprägten Alltags. Jain identifiziert Yoga als heterogene Praxis, welche in der diversen und prämodernen Kultur Asiens existierte und sich von dort aus in die ganze Welt verbreitete. Yoga muss immer im soziokulturellen Kontext verstanden werden und existiert nicht frei davon als unabhängige Praxis oder Technik. Die Zuschreibungsprozesse durch das Umfeld sind Bestandteil dieses Produkts.

---

[165] http://www.willowcreek.org/aboutwillow/what-willow-believes (Zugriff: 22.03.2016, 16:21)
[166] http://www.willowcreek.org/ (Zugriff 22.03.2016, 16:32)

Jain schreibt hierzu:

> *„In short, Yoga is contextual. I suggest we consider this the most notable lesson from the study of premodern yoga to consider as we approach the study of modern yoga"*[167]

Yoga ist zu einem Produkt avanciert, das vom Branding bestimmter Unternehmen häufig mit Heilsversprechen für die Seele und das Selbst aufgeladen wird. Im Mittelpunkt stehen diesseitige Versprechen für das Leben der Anwender. Doch auch in der Postmoderne bestimmt immer der soziale Kontext das Produkt und das zugehörige Branding.[168] Modernes Yoga ist formbar und wurde in der Postmoderne in verschiedene Richtungen weiterentwickelt. Jain stellt jedoch Gemeinsamkeiten in der Entwicklung des diversen Feldes um Yoga fest. Bis in die zweite Hälfte des 20. Jahrhunderts war Yoga Teil der *Counterculture*[169] und wurde von konservativen Strömungen als elitär und fast schon skandalös verstanden. Yoga diffundierte von Asien aus als Bestandteil von Tantra, Transzendentalismus und metaphysischer Religion in die *Counterculture* Amerikas[170] und wurde erst Ende der 60. Jahre zu einem Konsumprodukt für die breite urbane Bevölkerung. John Phil, der Autor von Yoga, Inc. beschreibt diese Zeit als die Goldenen Jahre des postmodernen Yoga.[171] Von Amerika aus verbreitete sich Yoga in den folgenden Jahrzehnten in der gesamten westlichen Welt und wurde Teil der *Consumer Culture*[172]. Doch verlief dieser Vorgang keineswegs barrierefrei und zeitgleich in allen Regionen. Gerade in den USA existierten Wiederstände gegen die asiatisch geprägte Körpertechnik. Konservative Evangelikale in ländlichen Gebieten standen Yoga zu Beginn ablehnend und vereinzelt sogar feindlich gegenüber. Ungeachtet dessen floss Yoga in die meisten urbanen Gebiete Amerikas und Mitteleuropas ein und wurde zum Bestandteil der *Consumer Culture*. Es entwickelte sich zu einem Konsumprodukt, das von Branding und Marketing geformt und instrumentalisiert wurde.[173]

Im 20. Jahrhundert, in einer Zeit in der sich die Produktion und der Konsum von Gütern maßgeblich veränderten, wurden die individuellen Bedürfnisse und Wünsche der Akteure

---

[167] Jain, R. Andrea (2015): Selling Yoga. From Counterculture to Pop Culture. New York: 19
[168] Ebd. 1-19.
[169] Andrea R. Jain beschreibt die Counterculture als die Gegenbewegung zur traditionalistischen, christlich geprägten westlichen Kultur
[170] Ebd. 20-41
[171] Philp, John (2009): Yoga. Inc A Journey through the Big Business of Yoga. London: 34
[172] Für Jain ist die Consumer Culture, das Breite Feld des freizugänglichen Marktes, das von Populärkultur, Branding und Marketing gefüllt wird.
[173] Jain, R. Andrea (2015): Selling Yoga. From Counterculture to Pop Culture. New York: 42-72.

in den Mittelpunkt des Branding gerückt. In dieser Zeit war auch Yoga das Subjekt von Branding. Yoga-Brands steuerten die physischen und psychologischen Bedürfnisse der Konsumenten an und warben mit Heilsversprechen. Jain unterteilt das Branding von Yoga in zwei Generationen. Die Erste warb mit physischer Fitness, moderner Biomechanik und dem Wohlbefinden nach körperlicher Betätigung. Ein Beispiel hierfür ist das Iyengar-Yoga, das sowohl als Schule des Yoga, als auch als eigenständiges Brand beworben wird.[174]

Die zweite Generation von Yoga-Brands richtete den Fokus auf die Heilung durch Yoga, die Möglichkeit den Alltag zu bewältigen und sich leicht und offen im sozialen Umfeld bewegen zu können. Ein Beispiel hierfür ist das Anusara-Yoga. Auch hier wurden mehrere Schulen gegründet, die sowohl in den USA als auch in Europa mit einem ganzheitlichen Ansatz werben.[175]

Andrea R. Jain beschreibt am Beispiel von Yoga, dass säkulare wie religiöse Produkte durch Marketing und Branding mit religiösen oder spirituellen Zuschreibungen belegt werden. Aufgrund dieser Mechanismen werden die beworbenen Produkte nicht etwa als spiritueller oder heilig beschrieben, doch sind sie mit den gleichen Zuschreibungen belegt, wie dezidiert religiöse Produkte[176]. Yoga wird mit Adjektiven aus dem Themenfeld der Spiritualität, aber auch ausschließlich als Fitnesstechnik beworben. Es stellt ein Produkt dar, welches mit fluiden Kategorien innerhalb eines globalen Marktes positioniert wird.

Es gibt allerdings Produkte, die den Namen Yoga tragen, jedoch auf den ersten und zweiten Blick nichts mit der Körpertechnik gemein haben. Die Rede ist von Tablets und Laptops der Marke Lenovo. Bereits 2012 brachte das Unternehmen das *Lenovo IdeaPad Yoga 11* heraus und startete damit eine Produktpalette, die bis heute vermarktet wird.[177]

Zu diesen Produkten gibt es noch keine wissenschaftliche Untersuchung und auch keine Äußerung des Unternehmens. Es lässt sich jedoch vermuten, dass die Produkte den Namen Yoga tragen, weil sie auf die Assoziationen anspielen, welche die Werbung der Brands wie Anusara oder Iyengar in den Akteuren angelegt haben. Sollen die Beworbenen

---

[174] Jain, R. Andrea (2015): Selling Yoga. From Counterculture to Pop Culture. New York: 82.
[175] Ebd. 88.
[176] Gemeint sind hier z.B. Selbsthilfebücher, DVDs von Teelevangelisten usw.
[177] http://shop.lenovo.com/us/en/laptops/lenovo/yoga-laptop-series/yoga-laptop-2-pro/#techspecs (Zugriff: 23.03.2016, 17:35 Uhr)

Produkte vielleicht den Eindruck vermitteln, einfach bedienbar, sehr flexibel und portabel zu sein? Hier fehlen die qualitativen Erhebungen zum Branding von Lenovo. Sowohl die Ebene des Marketings, als auch die der Akteure könnte aufschlussreiche Ergebnisse liefern.

Yoga stellt also ein Produkt dar, welches von einer asiatisch geprägten Körpertechnik zum Namen vieler Brands der westlichen Welt avancierte. Es wird vom Marketing und Branding sowohl mit seinen als ursprünglich wahrgenommenen Eigenschaften verknüpft, als auch zu neuen Produkten umgeformt. Es ist und war Teil religiöser und spiritueller Alltagspraxis und existiert in anderen Bereichen scheinbar unabhängig von seinen Ursprüngen. Weder sakral noch säkular ist es ein Produkt der *Commercial Culture* und des globalen Marktes.

5.3 Apple: Ein religionsanaloges Brand?

Apple Macintosh oder auch nur Apple, ist ein Brand, dass seit Beginn des 21. Jahrhunderts weit verbreitet ist. Die Marke steht für iPhones, iPads, MacBooks und iPods. Brett T. Robinson beschreibt in seinem Buch „*Appletopia. Media Technology and the Religious Imagination of Steve Jobs*" das Brand als eine Marke, welche viele Analogien zu religiösen Organisationen und deren Marketing bzw. Branding aufweist.[178] Er skizziert die Marke im Hinblick auf die sakralen und religiösen Inhalte, die in ihrem dazugehörigen Marketing verarbeitet werden. Er folgt nicht dem Anspruch einer kulturwissenschaftlichen Untersuchung. Dies führt zu mehreren Zuschreibungen, die sich außer in seinen Ausführungen auch in Diskursen innerhalb der Populärkultur aufzeigen lassen. Er beginnt damit, Bibliotheken als heilige, sakrale Orte zu bezeichnen, die Instrumente darstellen, welche zur Überlieferung von Kultur, Wissen und Technologie dienen. Apple Stores folgen diesem Beispiel. Hier wird kein Kauferlebnis inszeniert sondern eine Erfahrung, die den Kunden vom Produkt überzeugen soll. Die größeren Apple Stores sind architektonisch so aufgebaut, dass sie alten Bibliotheken ähneln. Die Produkte sind in diesen Räumen weder im Übermaß zu finden, noch stehen sie in Regalen und sind mit Preisen ausgezeichnet. MacBooks und andere Geräte der Marke befinden sich einzeln auf Tischen, auf denen sie ausprobiert und begutachtet werden können. Die *Sensoral Culture*, wie sie John Grant nennt, spielt hier eine

---

[178] Robinson (2013): 1.2.3.4.

Rolle[179]. Die Kunden/Kundinnen sollen sich selbst von der Funktionalität des Produktes überzeugen und den Unterschied bzw. die Alleinstellungsmerkmale des Brands erfühlen. Inzwischen ist der Apple Store in Manhattan das meist fotografierte Bauwerk in den USA.

Abb. 4: Apple Store New York

Eine Vielzahl von Menschen pilgert[180] jedes Jahr durch New York, um das gläserne Gebäude zu sehen. Apple stellt ein Brand dar, welches einen großen Kreis von Anhängern hat, der von Robinson als Kult bezeichnet wird. Er entdeckt in den Aussagen, die Werbespots und Slogans der Marke Apple treffen, eine religiöse Rhetorik.[181] Apple-Smartphones, die aus dem Nichts erscheinen und wie von selbst barrierefrei funktionieren, sind nur ein Beispiel. Das Werbeplakat für das erste iPhone zeigt das Smartphone auf schwarzem Grund. Es wird von einer Hand berührt, die aus dem Nichts zu kommen scheint. Robinson identifiziert hier eine göttliche Motivik: Die Hand Gottes, die das Smartphone erweckt. Der zugehörige Slogan war *„Touching is believing"*.[182] Diesen Slogan bringt er mit der biblischen Geschichte vom Apostel Thomas in Verbindung, welcher nicht glauben wollte, dass Jesus von den Toten auferstanden war, bis er seine Wunden gesehen und berührt hatte. Da im 21. Jahrhundert Bilder technisch verändert werden können und deswegen visuellen Dingen weniger Glaubwürdigkeit zugesprochen werden kann, wandelten die Macher des Slogans die Aussage ab. Die Kunden/Kundinnen sollten sich mit ihren eignen Händen überzeugen und die Großartigkeit erfühlen.[183]

[179] Rule 5: Create Tangible Differences in the Experience.
[180] Ein Begriff, den Robinson verwendet.
[181] Robinson, Brett T. (2013): Apletopia. Media Technology and the Religious Imagination of Steve Jobs. Waco. 6.7.
[182] Ebd. 63.
[183] Ebd. 64.65.

Robinson stellt in seinen Ausführungen immer wieder fest, dass die Marke Apple einer religiösen Rhetorik folgt und einem Kult gleicht. Sowohl die im Marketing verwendeten Symbole, als auch die Heilsversprechen der Werbespots und den Kult um die Person von Steve Jobs identifiziert er als analog zu Religion. Das Branding um das iPhone bietet dem Konsumenten eine Identität an, in die er sich hüllen kann: Ein erfolgreiches Produkt, mit dem es möglich ist, sich mit der ganzen Welt zu verknüpfen und Teil einer Community zu werden, die Wert auf Effektivität, Lebensqualität, Fitness, Gesundheit und Entspannung legt. Die Werbung suggeriert dem Kunden, dass er mit dem Kauf dieser Community beitritt.

Zwar stellt Brett T. Robinson keine klaren Analogien zu religiösen Organisationen und Praktiken dar[184], beschreibt das Brand Apple Macintosh und dessen Marketing aber ausführlich. Die verwendeten Marketingstrategien lassen sich durch seine Ausführungen klar identifizieren. Apple folgt den 12 Regeln des New Marketing von John Grant. Sowohl das Bilden einer Interessengemeinschaft, als auch das Vermitteln von Authentizität sind zu finden. Die Konsumenten/Konsumentinnen sollen sich vom Produkt in eigens dafür bereitgestellten Räumen überzeugen und die Einzigartigkeit erfühlen. Die Marke erzählt die Geschichte von Lifestyle, Erfolg und Community. Kauft man ein Produkt der Marke Apple, kauft man diesen Mythos.

---

[184] Was unter anderem daran liegt, dass er nicht deutlich macht, mit welchem Religionsbegriff er arbeitet.

56

5.4 Religionsanaloge Brands?

Populärkultur und Branding sind fest mit kulturellen Inhalten verknüpft. Der tägliche Gebrauch von Medien und der Wert, den Akteure ihnen beimessen, nahmen in den letzten Jahrzehnten immer weiter zu.[185] Innerhalb der Populärkultur laufen viele Bereiche der Alltagspraxis zusammen und werden verarbeitet, rezipiert und umgestaltet. So sind auch religiöse Inhalte Bestandteil dessen. Am Beispiel der Marke Apple lassen sich einige Dynamiken identifizieren, die Analogien zu religiöser Praxis und religiösem Marketing aufweisen. Wichtig ist hierbei nicht, dass sich das Marketing religiöser Motiviken bedient. Dies zeigt zwar, dass es Rezeptionen religiöser Motive innerhalb des Marketings von Apple gibt, legt aber keine religionsanalogen Vorgänge offen. Als religionsanalog kann man jedoch den Mythos und das Narrativ um die Marke Apple bezeichnen und die Verhandlung dieser in der Populärkultur. So sind z.B. mehrere Bücher und Filme nach dem Tod von Steve Jobs veröffentlicht worden, in denen ihm die Autoren eine starke Verbindung zum Zen-Buddhismus zuschreiben.[186] Im Falle von Apple war Steve Jobs die berühmte Persönlichkeit, die dem Brand ein Gesicht gab. Dem gegenüber wird das Brand der Willow Creek Chruch von Bill Hybels verkörpert. Das jeweilige Marketing bringt sie regelmäßig in direkte Verbindung mit dem Produkt und ermöglicht eine Identifikation mit selbigem. Kauft man das Produkt oder tritt man der Gemeinschaft bei, gehört man zu einer Interessengruppe[187]. Diese Interessengruppe folgt der genannten Person und erkauft sich eine Zugehörigkeit, die durch das Marketing mit Heilsversprechen aufgeladen wird. Verschiedene Organisationen bieten unterschiedliche Mythen und Traditionen an, welche die Konsumenten/Konsumentinnen kaufen können. Sie hüllen sich in diese durch dritte authentifizierte Mythen, die ihnen eine Identität geben[188]. Sowohl Megachurches als auch Konzerne wie Apple Macintosh nutzen diese Strategien. So kann das Marketing dieser Organisationen nicht als dezidiert religiös bezeichnet werden. Dennoch können die genannten Heilsversprechen und die Verbesserung des Lebensstandards, welche durch den Kauf der Produkte suggeriert werden, als analog zu religiösen Heilsversprechen, wie sie

---

[185] Clark, Lynn Schofield (2007): Religion, Media, and the Marketplace. New Jersey und London: 9.

[186] Baer Drake (2015). Here's How Zen Meditation Changed Steve Jobs' Life And Sparked A Design Revolution. http://www.businessinsider.com/steve-jobs-zen-meditation-buddhism-2015-1?IR=T (Zugriff: 08.04.2016, 12.58 Uhr).

[187] Grant, John (1999): The New Marketing Manifesto. The 12 Rules for Building Successful Brands in the 21st Century. London: 135.

[188] Bolz, Norbert (2008): Marken – Medien – Mythen. Neuwied: 17.

Riesebrodt einem Religionsbegriff zuordnet[189], identifiziert werden. Die genutzten Dynamiken sind also religionsanalog. Auch in der Vermarktung von Yoga lassen sich diese Vorgehensweisen wiedererkennen. Auch hier kann eine Leitfigur zum Aushängeschild und Gesicht der Marke werden. Die von den unterschiedlichen Brands vermarkteten Heilsversprechen stellen eine Analogie zu religiösem Marketing dar. Yoga scheint so weit in das Bewusstsein von Populärkultur vorgedrungen zu sein, dass sogar andere Produkte mit diesem Begriff belegt werden, um in den Akteuren Assoziationen mit den lebensverbessernden Eigenschaften der Körpertechnik auszulösen. Religionsanalog funktioniert hier als Arbeitsbegriff in einem vorher abgesteckten Feld. Der Begriff beschreibt hier lediglich Marketingstrategien, die mit Kategorien, Dynamiken und Bildern arbeiten, die Teil von etwas sind, das innerhalb der Populärkultur als religiös oder spirituell gelten kann.

---

[189] Vgl. Riesebrodt, Martin (2007): Cultus und Heilsversprechen. Eine Theorie der Religionen. München.

58

6 Fazit

Wie lassen sich also die gesammelten Aussagen und Theorien um das Feld von Branding, Marketing und Religion zusammenfassen? Welche Zusammenhänge haben sich im Verlauf der Untersuchung gezeigt? Und wie säkular oder religiös kann ein Brand sein?

Die Theoriebausteine aus Religions- und Kulturwissenschaft legen ein Fundament für die Untersuchung des Gegenstandsbereiches. Gleichzeitig zeigen sie, wie weit das Feld ist. Es erstreckt sich über mediale Kanäle und die Art der Vermittlung von Kultur und Religion, über die ökonomischen Aspekte und Zusammenhänge religiöser Organisationen, bis hin zur popkulturellen Verhandlung der von den Medien und Akteuren geschaffenen Inhalte.

Der materielle Ansatz machte es in dieser Untersuchung möglich, die verschiedenen Kanäle aufzuzeigen und ein Bild der Reichweite von Branding zu zeichnen. Branding findet im 21. Jahrhundert in allen erdenklichen Medien statt. Brands sind Teil der Alltagspraxis und bestimmen soziales und kulturelles Leben mit. Sie erscheinen nicht nur in greifbaren Dingen, wie käuflichen Produkten, sondern sind Gebrauchsgegenstand, Identifikation und Repräsentation zugleich. Sie können also ein jeweils eigenes Gebrauchskonzept inhärieren. Auch ursprünglich nicht als religiös bezeichnete Produkte, können zum Bestandteil religiöser und oder spiritueller Praxis werden.

Die Untersuchung von Marketing unter ökonomischen Gesichtspunkten zeichnet ein Bild von Abhängigkeiten. Mit dem Bezug auf die Verhandlung des Neoliberalismus in den achtziger Jahren zeigt dieser Ansatz eine Individualisierung der Akteure auf. Man sprach nun von einem Markt der Religionen, den man mit gängigen ökonomischen Prinzipien in Relation setzen konnte, da die Akteure als Konsumenten von Kultur und kulturellem Output bezeichnet wurden. Religiöse wie spirituelle Organisationen stehen in direkter Verbindung mit Industrie, Politik und Dienstleistungen. Sie sind Nachfrager verschiedenster Produkte des globalen Marktes. Das heißt, religiöse Organisationen agieren selten autonom und unabhängig von ökonomischen Aspekten. Nimmt man also an, dass eine religiöse Organisation eine Marktposition hat, weil sie ihr Produkt (Inhalte und Lehren) anbietet, ist diese Organisation immer auch von äußeren Gegebenheiten abhängig. Außerdem spielen soziale Machtverhältnisse eine Rolle, die wiederum Einfluss auf das Wahlverhalten der Akteure haben. Durch sozialen Druck und das daraus resultierende Bedürfnis der Selbstpositionierung wird Konsum beeinflusst. Diese Dynamiken stehen häufig im Mittelpunkt von Branding.

Das genannte Branding ist Teil von Populärkultur. Es findet im Internet, auf sozialen Netzwerken, in Printmedien und im Fernsehen statt. Dabei wirkt die Populärkultur als Katalysator, das heißt als Raum für Verhandlungen medialer Inhalte. Gleichzeitig aber stellt sie die Plattform dar, auf der neue Inhalte verbreitet werden. Marketing wird innerhalb der Populärkultur nicht nur abgebildet, sondern auch rezipiert und diskursiv verhandelt. Die *Popular Culture* stellt einen Spiegel für Bedürfnisse dar und bietet die Möglichkeit zur Auseinandersetzung. Sie ist Untersuchungsgegenstand für die Wissenschaft und für das Marketing und Branding ein unerschöpflicher Pool von neuen Möglichkeiten und Motiven, mit denen sich die Akteure identifizieren und selbst positionieren. Findet auf populärkultureller Ebene die Verhandlung von asiatisch inspirierten Körpertechniken wie Yoga statt, finden diese Motive früher oder später ihren Weg in das Marketing von IT-Konzernen und in Form von alternativer, religiöser Praxis zum Beispiel auf den Katholikentag in Mannheim.

Die Untersuchung der Geschichte des Marketings und Brandings hat gezeigt, dass bereits Ende des 19. Jahrhunderts Marketing betrieben wurde und schnell zu einem Werkzeug zur visuellen und verbalen Vermittlung von Produktinhalten avancierte. Gerade am Beispiel der Produkte, die mit dem Orient in Verbindung gebracht wurden lässt sich zeigen, wie sich ein Bild des Orients formte und welchen Beitrag die Werbung dazu geleistet hat. Noch heute sind Überbleibsel dieser Dynamik im Branding einiger Marken zu erkennen. So ist der „Sarotti-Mohr" immer noch das Markensymbol einer weltweit verkauften Schokoladenmarke, welche das orientalische Motiv bis heute in ihrem Branding verarbeitet.[190]

Branding und Marketing sind in ihrer modernen Form Mitte des 20. Jahrhunderts auch in die Praxis von religiösen Organisationen eingegangen. Gerade in den USA wurde es zur Strategie von Teleevangelisten, welche die modernen Medien nutzten, um landesweit Anhänger zu generieren und Werbung für ihre Organisationen zu machen. In den sechziger Jahren entwickelten sich diverse neue Strömungen und Angebote, die weniger mit religiösen Motiven warben, sondern vielmehr mit Spiritualität, einem Begriff, der weniger verfänglich und negativ konnotiert war wie der Religionsbegriff, der auf Akteursebene häufig mit christlichen Kirchen in Verbindung gebracht wurde. Religiös oder spirituell

---

[190] Beispiele hierfür lassen sich bereits auf der Landingpage des Unternehmens erkennen. Es wird mit orientalistischen Motiven und exotisierender Rhetorik geworben: http://www.sarotti.de/ (Zugriff: 04.04.2016, 12:42 Uhr)

konnotierte Inhalte wurden zu Ideen, die verwendet werden konnten. Unternehmen benutzten sie, um ihre Produkte zu bewerben und Kirchen und religiöse Organisationen, um Anhänger zu generieren. Spiritualität und Religion wurden zu einem Marketinginstrument. Exemplarisch zeigen die Marketingregeln von John Grant, wie wichtig Authentizität und Heilsversprechen im Branding geworden sind. Der Repräsentant des Labels ist genauso wichtig, wie die Mythen und Geschichten die er erzählt und für die er steht.[191]

Das diskursive Feld um die Verhandlung von Religion, Populärkultur und Marketing wird von den verschiedensten akademischen Disziplinen bearbeitet und folgt dadurch keinen einheitlichen kulturwissenschaftlichen Standards. So tauchen immer wieder monolithische Blöcke und starre Kategorien auf. Dennoch gibt es einen Konsens in diesem Feld: Religion und Spiritualität sind feste Bestandteile von Marketing und Branding geworden. Die Rhetorik und die vielfältigen Inhalte liefern einen unerschöpflichen Fundus an Motiven, die im Kunden und Akteur Assoziationen mit Bekanntem, Fremdem oder Exotischem hervorrufen können. Für jeden gewünschten Effekt werden passende Bilder, Traditionen und Mythen entwickelt oder rezipiert. So scheint es auch, dass Heilsversprechen stets zu einem der Hauptwerkzeuge im modernen Branding zählen. Beauty-Produkte, Fitnessstudios, Yogazentren und Kaffee-Ketten werben mit einem Zugewinn für das eigene Leben und den dazugehörigen Lifestyle. Auch Altruimsus ist zu einem Kaufargument avanciert. Kauft der Kunde etwas, weil es fairtrade und authentisch ist, soll er sich besser fühlen. Er tut etwas für andere, indem er sich ein Produkt für sich selbst kauft.

Die vorliegende Untersuchung zeigt in den Fallbeispielen drei verschiedene Arten von Branding, die durch das eigene Marketing in Verbindung mit Religion oder Spiritualität gebracht werden. Evangelikale Organisationen in den USA nutzen Marketing, um Mitglieder zu gewinnen und Produkte wie DVDs, Bücher und Summercamps zu verkaufen. Sie werben offen mit Religiosität und der Verbindung zum Glauben und der Bibel. Auf einer anderen Ebene werben Yogazentren und -schulen mit Spiritualität und Heilsversprechen. Hier steht der Akteur im Mittelpunkt, der sich etwas Gutes tun soll. Religion und Spiritualität spielt jedoch in der Praxis nur marginal eine Rolle. Doch die

---

[191] Vgl. Grant, John (1999): The New Marketing Manifesto. The 12 Rules for Building Successful Brands in the 21st Century. London und New York

Slogans und Bilder, mit denen geworben wird, sind Rezeptionen aus den verschiedensten asiatischen, religiösen Strömungen. Auch gibt es Produkte, die auf den ersten Blick nichts mit den Kategorien Religion und Spiritualität zu tun haben. Doch lehrt uns das Marketing um Apple und das iPhone, dass wir nur mit diesem Produkt ein erfülltes Leben haben können. Nur mit einem Smartphone der Marke Apple ist man den Widrigkeiten des Alltags gewachsen. Das Branding nutzt ebenfalls religiös konnotierte Motive, um die Smartphones zu bewerben, die von der spirituellen Persönlichkeit von Steve Jobs bis hin zur biblischen Anekdote um die Auferstehung Jesu Christi reichen.

Die Vorgehensweisen der unterschiedlichen Organisationen folgen demnach häufig einem analogen Muster, wenn sie auch inhaltlich voneinander abweichen. Das Ziel ist die langfristige Bindung an die Marke. Die Strategien finden übergreifend in jedem Bereich von Konsum Anwendung. Sowohl kulturelle, als auch materielle Inhalte werden mit den analogen Zuschreibungen belegt und vertrieben. Auch die Kanäle und Plattformen für die Verbreitung des Marketings sind häufig die gleichen. Es existiert also kein religiöser oder säkularer Markt, sondern ein globaler, dessen Kanäle von den unterschiedlichsten Organisationen genutzt werden können. Kann man dennoch Dynamiken als religionsanalog bezeichnen, oder sind sie am Ende nur umgesetzte Marketingstrategien?

Dynamiken innerhalb des Marketings von Konzernen wie Apple Macintosh können dann als religionsanalog bezeichnet werden, wenn sie Analogien zu den Kundenbindungsstrategien von religiösen Organisationen aufweisen. Dem ist zwar entgegenzuhalten, dass religiöse Organisationen, wie evangelikale Megachurches, möglicherweise die Strategien von Konzernen wie Apple adaptiert haben, jedoch beschreiben zum Beispiel James B. Twitchell und Mara Einstein Religion als etwas, dass schon sehr lange verkauft wird. So entwickelt sich zwar zu Beginn des 21. Jahrhunderts eine neue Art des Marketings, doch sind die Strategien, Mitglieder durch berühmte und durch Mythen legitimierte Persönlichkeiten zu binden, sehr viel älter.[192]

Das diskursive Feld um Marketing und Religion bietet viele Theorien und Ansätze zur Untersuchung von Fallbeispielen, dennoch gibt es wenige Werkzeuge für eine umfassende Bearbeitung. Dr. Anne Koch liefert zwar die Ansätze zur ökonomischen Betrachtung

---

[192] Vgl. Einstein, Mara (2008): Brands of Faith. Marketing Religion in a Commercial Age. London und Twitchell, B. James (2004): Branded Nation. The Marketing of Megachurch, College Inc., and Museumworld. New York.

religiöser Organisationen, erwähnt aber nur marginal die Rolle des Marketings.[193] Das Feld bietet noch eine Vielzahl von Möglichkeiten und Fallbeispielen, die helfen die Dynamiken von Gegenwartsreligion und ihrer Verarbeitung und Verhandlung innerhalb von Marketing und Branding zu verstehen. Die Relevanz wird deutlich, betrachtet man die Heilsversprechen, die uns jeden Tag in Form unzähliger Werbeslogans begegnen.

Suzuki – Way of Life[194]

---

[193]Vgl. Koch, Anne (2014): Religionsökonomie. Eine Einführung. Stuttgart.
[194] Werbeslogan der Automarke Suzuki: http://suzuki.de/ (Zugriff: 04.04.2016, 14:04 Uhr)

7 Quellen

Bolz, Norbert (2008): Marken – Medien – Mythen. In: Schönberger, A. (Hrsg.): Faszination Marke, Neuwied.

Baer Drake (2015). Here's How Zen Meditation Changed Steve Jobs' Life And Sparked A Design Revolution. http://www.businessinsider.com/steve-jobs-zen-meditation-buddhism-2015-1?IR=T (Zugriff: 08.04.2016, 12.58 Uhr)

Bordieu, Pierre (1992): Die Ökonomie der symbolisierten Güter in: ders. Praktische, Vernunft zur Theorie des Handelns. Frankfurt: Shurkamp

Buttler, Ralph Starr (1914): Marketing Methods and Salesmanship. Modern Business: Nabu Press

Carrette Jeremy und Richard King (2005): Selling Spirituality. The silent takeover of Religion. New York: Routledge

Clark, Lynn Schofield (2007): Religion, Media, and the Marketplace. New Jersey und London: Rutgers University Press.

Clark, Lynn Schofield (2007): Why Study Popular Culture. Or How to Build a Case for your Thesis in a Religious Studies or Theology Department. In Lynch Gordon (2007): Between Sacred and Profane. Researching Religion and Popular Culture. London: I.B. Tauris.

Ciarlo, David (2010): Advertising and Optics of Colonial Power at the Fin de Siecle. In Langbehn, M. Volker (2010): German Colonialism, Visual Culture, and Modern Memory

Craig, Martin (2014): Capitalizing Religion. Ideology and the Opiate of the Bourgeoisie. London und New York: Bloomsbury

Einstein, Mara (2008): Brands of Faith. Marketing Religion in a Commercial Age. London: Routledge.

Gabler Wirtschaftslexikon (2008): Wirtschaftslexikon 18. Auflage: Wiesbaden, SpringerGabler

Glasze Georg, Mattissek Anika (2009): Handbuch Diskurs und Raum : Theorien und Methoden für die Humangeographie sowie sozial und kulturwissenschaftliche Raumforschung. München: Transcript.

Grant, John (1999): The New Marketing Manifesto. The 12 Rules for Building Successful Brands in the 21st Century. London und New York: Texere

Jain, R. Andrea (2015): Selling Yoga. From Counterculture to Pop Culture. New York: Oxford University Press

Journal of Church & State Schofield, Clark Lynn (2007): Why Study Popular Culture? Or, how build a Case for Your Thesis in a Religious Studies or Theology Department. In: Lynch Gorden (2007) Between Sacred and Profane, Researching Religion and Popular Culture. LB. Tauris & Co Ltd., London.

King, Randall E. (1997): When worlds collide. Politics, religion, and media at the 1970 East Tennessee Billy Graham crusade. Journal of Church & State

Koch, Anne (2014): Religionsökonomie. Eine Einführung. Stuttgart: Kohlhammer

Lynch Gordon (2007): Between Sacred and Profane. Researching Religion and Popular Culture. London: I.B. Tauris.

Lynch Gordon (2007): What is this "Religion" in the Study of Popular Culture? In Lynch Gordon (2007): Between Sacred and Profane. Researching Religion and Popular Culture. London: I.B. Tauris.

McCarthy, E. J. (1960): Basic Marketing: A Managerial Approach, Homewood, Irvin: IL

Meyer, Birgit und Morgan, David (2010): The Origin and mission of Material Religion. London: Routledge.

Meyer, Birgit (2008): Religious Sensations. Why Media, Aesthetics, and Power Matter in the Study of Contemporary Religion. In: Hent de Vries (2008) Religion a Concept. New York: Fordham University Press.

Moore, R. Laurence (1994): Selling God. American Religion in the Marketplace of Culture. New York: Oxford University Press.

Morgan, David (2013): Religion and media: A critical review of recent developments. In Critical Research no Religion 1 (3): Sage

Morgan, David (2007): Studying Religion and Popular Culture. Prospects, Presuppositions, Procedures. In: Lynch Gorden (2007) Between Sacred and Profane, Researching Religion and Popular Culture. London: I.B. Tauris

Morgan, David (2013): Critical Research on Religion. Religion and media: A critical review of recent developments. SAGE

Pflanz, Florian (2015): Mythos Marketing. Religion als Bindungsstrategie. Im Rahmen der Seminare „Populärkultur" und „Wissenschaftliches Schreiben".

Philp, John (2009): Yoga, Inc. A Journey Through the Big Business of Yoga. London: Pinguin

Prohl, Inken (2012): Materiale Religion. In Michael Stausberg (2012): Religionswissenschaft. Berlin: De Gruyter. S: 379-392

Riesebrodt, Martin (2007): Cultus und Heilsversprechen. Eine Theorie der Religionen. München: C.H.Beck.

Robinson, Brett T. (2013): Apletopia. Media Technology and the Religious Imagination of Steve Jobs. Baylor University Press, Waco Texas

Twitchell, B. James (2004): Branded Nation. The Marketing of Megachurch, College Inc., and Museumworld. New York. Simon & Schuster Paperbacks

Urban, Hugh B. (2003): Sacred Capital: Pierre Bourdieu and the Study of Religion. in Method and Theory in the Study of Religion 15.

Usunier, Jean-Claude und Jörg Stolz (2014): Religion as Brands, New Perspectives on the Marketization of Religion and Spirituality. Surrey: Ashgate

Philp, John (2009): Yoga. Inc. A Journey through the Big Business of Yoga. London: Viking Canada

Warner, R.S. (1993): A Work in Progress toward a new paradigm for the sociological study of religion in the United States. American Journal of Sociology, 98,5.

Woodhead, Linda und Heelas, Paul (2000): Religion in Modern Times. An Interpretive Anthology. Blackwells

7.1 Internet Quellen (Ohne Autoren)

http://www.willowcreek.org/aboutwillow/one-church-multiple-locations (Zugriff: 22.03.2016, 11:20 Uhr)

http://www.willowcreek.org/aboutwillow/what-willow-believes (Zugriff: 22.03.2016, 16:21)

http://www.willowcreek.org/ (Zugriff 22.03.2016, 16:32)

https://www.mc-rn.de/marketing-preis (Zugriff 22.03.2016, 17:11 Uhr)

http://shop.lenovo.com/us/en/laptops/lenovo/yoga-laptop-series/yoga-laptop-2-pro/#techspecs (Zugriff: 23.03.2016, 17:35 Uhr)

http://www.sarotti.de/ (Zugriff: 04.04.2016, 12:42 Uhr)

http://suzuki.de/ (Zugriff: 04.04.2016, 14:04 Uhr)

7.2 Abbildungsquellen

Abb. 1: Süddeutsche Zeitung Nr. 54 2016

Abb. 2: Usunier, Jean-Claude und Jörg Stolz (2014): Religion as Brands, New Perspectives on the Marketization of Religion and Spirituality. Surrey: 12

Abb. 3: Willow Creek Gelände.
https://stanwiedeman.files.wordpress.com/2011/08/willow-creek.jpg (Zugriff: 22.03.2016, 11:56 Uhr

Abb. 4: Apple Store New York. http://www.visualise.ie/wp-content/uploads/2014/12/Front-of-store.jpg (Zugriff: 24.03.2016, 15:18 Uhr

Abb. 5: iPhone Werbung 2007.
http://www.macaccessoryshop.com/wpcontent/uploads/2014/01/802170450_ec82d42116.jpg (Zugriff: 24.03.2016, 14:57 Uhr)